MAURICE BARTHÉLEMY
CHARLOTTE WILS

Acteur, réalisateur et scénariste, **Maurice Barthélemy** naît en Bolivie d'un père ethnologue, ancien diplomate reconverti dans la menuiserie, et d'une mère conteuse, professeure d'espagnol. Sa carrière commence au théâtre, et se poursuit dans la troupe des Robins des Bois. Il continue en solo dès la fin des années 1990, et s'impose comme scénariste et réalisateur, dans les registres tant dramatiques (*Papa*, en 2004) que comiques (*Low Cost*, en 2011, *Les Ex*, en 2017). En 2015, il découvre son hypersensibilité. *Fort comme un hypersensible*, paru en 2021 aux éditions Michel Lafon, est son premier ouvrage.

Psychopraticienne, coach certifiée et conférencière, **Charlotte Wils** est spécialisée dans l'accompagnement des personnes hypersensibles.

Fort comme *un hypersensible*

Maurice Barthélemy
et Charlotte Wils

Fort comme *un hypersensible*

Avec la collaboration de Bessora

Michel LAFON

MIXTE
Papier issu de
sources responsables
FSC® C003309

L'éditeur de cet ouvrage s'engage dans une démarche
de certification FSC® qui contribue à la préservation
des forêts pour les générations futures.

Pour en savoir plus :
www.editis.com/engagement-rse/

ISBN : 978-2-266-32218-8
Dépôt légal : janvier 2022

Je dédie ce livre à ma fille Tess.
En espérant qu'elle découvrira son hypersensibilité
le plus tôt possible et qu'elle lira ce livre
le plus tard possible.

De vous à moi

Ce livre a été écrit à quatre mains et à trois cerveaux. Nous avons procédé avec Bessora sous forme d'entretiens. Un peu comme Mitterrand et Georges-Marc Benhamou. Sauf que je ne suis pas président et Bessora n'est pas journaliste. Bessora est auteure. Il était important pour moi que ce livre soit rédigé par quelqu'un dont c'est le métier.

J'ai apporté mon témoignage, Bessora a donné une forme à un récit qui aurait pu être confus : ma tête d'hypersensible ne m'aide pas toujours à être synthétique. Encore moins quand il s'agit de parler de moi. Faire appel à Bessora n'était pas une facilité, mais une utilité. Je n'avais aucunement l'intention de signer ce livre comme si je l'avais écrit. Ce n'est pas le cas. En bon hypersensible, j'aime que les choses soient claires.

Quatre mains, je disais. Les deux autres ne sont pas les miennes, mais celles de Charlotte Wils. J'ai rencontré Charlotte dans son cabinet à une époque où j'avais besoin de ranger ma tête. Son bureau était à République, dans un immeuble en chantier. Ranger sa tête dans un immeuble en chantier, c'est un peu comme aller chez le podologue en chaussures de ski (j'ai conscience que cette métaphore n'a aucun sens, sauf pour moi et tous les autres hypersensibles). Bref, j'entre dans cet immeuble comme le plombier (joué par De Niro) dans *Brazil*. Ce chantier me fait penser à l'intérieur d'un corps humain. Il y a des câbles qui pendent de partout. Ça tape. Ça peint. Ça pue. C'est un dédale de petits couloirs. Je suis un spéléologue en perdition dans un intestin grêle. Après quelques mois de recherche, j'ai finalement trouvé le bureau de Charlotte, un mètre soixante-cinq de hauteur sous plafond, quatre mètres carrés non Carrez : un loft. Charlotte était là, derrière son bureau, souriante, chaleureuse et bienveillante. J'ai tout de suite su qu'on allait bien s'entendre.

Au bout de six mois, Charlotte a rangé ma tête et aujourd'hui nous sortons un livre ensemble. Charlotte Wils est une hypersensible qui connaît très bien son sujet. C'est une excellente coach au parcours atypique. Elle a publié de nombreux ouvrages sur la question, dont *Guerre et Paix* (enfin je crois que c'est d'elle). Voilà l'historique de ce livre.

Ami lecteur, sache que tout ce que je raconte est vrai. C'est l'histoire d'un mec qui a découvert son hypersensibilité sur le tard et qui souhaite faire partager cette magnifique expérience à toutes celles et ceux qui se savent déjà hypersensibles ou qui l'ignorent encore. Mon vœu le plus cher serait que vous en ayez la révélation au travers de cet ouvrage écrit par deux femmes admirables.

Maurice

De la même manière que je me souviens parfaitement du lieu où j'étais le jour de la mort de Lady Di et de ce que je faisais quand les tours du Wall Trade Center se sont effondrées à New York, je me souviens parfaitement du moment où j'ai entendu la voix de Maurice Barthélemy pour la première fois.

Je suis chez moi, sur le départ pour un rendez-vous au cabinet, lorsque le téléphone sonne. Je réponds, le manteau sur le dos. Maurice se présente, comme tout un chacun, et nous échangeons quelques mots sur les détails pratiques concernant le rendez-vous, mais ce dont je me souviens parfaitement, c'est qu'à l'instant où je lui demande de m'épeler son nom pour l'écrire correctement dans mon agenda, je me rends compte que j'avais bien entendu et bien compris. *Vous êtes un homonyme*, ai-je pensé lui dire dans un sourire, rapidement suivi par *Non… on doit le lui faire souvent*. Ma petite voix intérieure me souffle alors : *Chut, tais-toi, ne dis rien !* La discrétion, la retenue et le respect sont de mise pour effectuer un travail éthique. Même si j'avais bien reconnu le nom de l'humoriste, acteur et réalisateur, je m'attends réellement à recevoir un homonyme le jour du rendez-vous. Alors quelle n'est pas ma surprise de l'accueillir en personne.

Lorsque l'on parle d'hypersensibilité ou de personne hypersensible, on s'attend à voir une personne fragile, timide et repliée sur elle-même. Il y a encore dans la société occidentale actuelle une méprise, une confusion sur la véritable nature de l'hypersensibilité et ce à quoi ressemble une personne hypersensible. La plupart ignorent encore cette nature particulière qui leur rend la vie difficile ou n'osent pas en parler. L'image et les idées qu'elle s'en fait, la connotation péjorative aussi qu'elle entend dans la bouche des autres, les représentations parfois dépréciatives observées autour d'elle sont autant de freins à l'acceptation de sa particularité. Le témoignage de Maurice Barthélemy est important dans le sens où il peut véritablement permettre à de nombreux hypersensibles – homme, femme, enfant, heureux, malheureux, fort, fragile, intelligent, qui se sent différent, décalé – de se reconnaître dans cette nature singulière, dans cette singularité précieuse. Lorsque l'hypersensibilité est la réponse à une multitude de questions posées en boucle depuis tant d'années, alors c'est tout le film de sa propre vie qui se déroule à nouveau, avec un nouvel éclairage et des évidences d'une logique sans faille.

Cet ouvrage peut contribuer à changer le regard qu'un hypersensible porte sur lui-même, mais aussi le regard de la société en général, et celui des personnes non hypersensibles qui, principalement par méconnaissance, véhiculent de nombreux jugements, croyances et pensées erronés.

Maurice Barthélemy fait mentir tous les articles et tous les individus qui considèrent qu'une personne hypersensible est quelqu'un qui pleure au moindre tracas, qui se lamente sans arrêt ou qui est faible.

Si l'on se fie à ces représentations, effectivement, rien ne laisse imaginer à première vue que Maurice est un hypersensible. Et pourtant…

L'hypersensible ne se reconnaît pas à l'œil nu, mais rassemble ce que l'on appelle un ensemble de caractéristiques. Aucun ne ressemble à un autre, mais tous partagent des singularités communes. Maurice nous les dévoilera au fur et à mesure de son témoignage.

– 1 –

Les fées se sont penchées sur mon berceau

Je suis né à trois mille six cents mètres d'altitude, le 23 mai 1969 à 14 heures précises. Quand ma mère a accouché, dans la plus haute capitale du monde, La Paz, en Bolivie, mon père avait une hépatite virale. Il séjournait dans le même hôpital, chambre d'à côté… J'ai moi-même attrapé une sorte de virus, et pour cette raison, j'ai été placé en isolement dès ma naissance. Le premier mois de ma vie s'est déroulé dans une couveuse peu chaleureuse. Mes parents n'avaient pas le droit de m'approcher. Un bon départ… qui a peut-être contribué à cet état dont je vais parler tout au long de ce livre : l'hypersensibilité…

Mes parents le sont aussi. C'est-à-dire que nous avons le cerveau en cavale. On envisage, on prépare, on ressasse, on turbine sans arrêt, tel un vélo fou lancé à toute vitesse et sans freins. Il roule dans votre tête, alors au bout d'un moment ça chauffe. Chacun s'invente des méthodes pour se calmer. Objectif : sécuriser le monde qui nous environne et ses innombrables sollicitations.

Ma mère, victime d'une dépression post-partum après ma naissance, s'est envolée dans la nature. Un moment. Une nounou bolivienne a pris soin de moi, le temps que mon père récupère de son hépatite. Ensuite, la nounou a continué de m'élever, parce que mon père, une espèce d'utopiste aventurier, était un homme très occupé – une constante chez ce grand hypersensible. Mes sœurs aussi ont gardé leur petit frère. J'en ai plusieurs, des sœurs, si vous voulez bien, je vous les présente bientôt.

Bref, dès le début, l'affaire est compliquée.

La Bolivie, ce sont mes deux premières années, puis ma famille et moi prenons l'avion pour Colombo, capitale de Ceylan, où mon père vient d'être nommé au poste d'attaché culturel.

Le séjour à Ceylan (aujourd'hui Sri Lanka) dure un an et demi, j'apprends à parler pendant cette période : ma première langue est l'anglais, que je pratique avec ma nounou. Arrivent mes quatre ans, je remonte dans un avion avec papa, maman et les frangines. Atterrissage dans une nouvelle capitale : Rabat, au Maroc, où papa prend une nouvelle affectation.

Ma vie est déjà bien remplie, en particulier de voyages. Et pourtant, je n'ai pas l'air très heureux. Il suffit de regarder les photos de l'époque pour s'en convaincre. Celle d'un anniversaire, par exemple, où, déguisé en cow-boy (une terreur de quatre ans), je tire une tête de dix mètres de long. C'est-à-dire que je m'ennuie prodigieusement. Pire, j'angoisse terriblement. Parce que je viens de prendre conscience de la mort. Bon… un jour, hop, c'est fini. Tu es mort, et puis voilà. C'est comme ça.

Après la Bolivie, le Sri Lanka et le Maroc, la famille Barthélemy prend un nouvel avion. Fini, les destinations exotiques : cette fois, je me retrouve en Picardie, dans un petit village au doux nom de Verberie, entre Compiègne et Senlis. J'ai six ans, bientôt l'âge de raison. Ce qui me fait penser que mes sœurs l'ont largement dépassé… Élodie, celle qui me précède, a quatre ans de plus que moi. Elle, elle est née en Colombie, le 8 avril 1965 à 8 h 08. J'ai le sens du détail. J'ai besoin du détail. C'est aussi ça, l'hypersensibilité. Les deux autres, plus âgées (six et huit ans de plus que moi), sont nées tout bêtement à Boulogne-Billancourt pour Clémentine, et dans le 12e arrondissement de Paris pour Coralie. Naître bêtement à Boulogne-Billancourt, dans le 12e… ou même à Verberie… à une époque de ma vie, j'aurais adoré. J'allais oublier : Coralie est née le 6 mai 1961, à 8 h 30. C'est étonnant parce qu'elle aurait pu naître à 8 h 29 ou à 8 h 31. Mais non, elle a débarqué pile à 8 h 30, à moins que la montre de la sage-femme n'ait été mal réglée. Clémentine, elle, est née à 5 h 40, le 5 février 1963. 5 h 40 me paraît plus crédible que 8 h 30.

Je suis le petit dernier de la famille, un garçon qui s'est longtemps fait désirer. Une fille, deux filles, trois filles… Au bout de la troisième, Élodie, mes parents se sont arrêtés un petit moment. Un jour, j'imagine qu'ils se sont dit : *Allez ! Dernière tentative ! Last chance !* Le petit Maurice est arrivé.

Mes sœurs sont des veinardes, leurs prénoms sont d'une grande modernité pour les années soixante : Coralie, Clémentine, Élodie, ce n'était pas très courant. Mais moi… Accroche-toi. Longtemps, j'ai détesté mon prénom. Un prénom de vieux, tout droit sorti du XIXe siècle. Il y a des héritages auxquels on n'échappe pas : mon grand-père maternel s'appelle Maurice, mon oncle paternel s'appelle Maurice, mon arrière-grand-père paternel s'appelle Maurice.

Ma mère y a ajouté un trait d'union, suivi de *Domingue*. Maurice-Domingue. C'est pour me donner un petit côté bobo avant l'heure, un petit côté Saint-Domingue, qui est devenu Haïti en 1804. Tout ça parce qu'elle ne pouvait pas m'appeler *Haïti*, du nom de son île. Ma mère aurait adoré m'appeler *Haïti*. Je l'ai échappé belle, mais ça ne m'a pas empêché de porter Maurice et Domingue comme des croix. Pendant vingt ans. Sans compter que mes prénoms sont suivis d'un troisième : Barthélemy, encore une île.

Bonjour, je m'appelle Maurice-Domingue Barthélemy. Les fées se sont penchées sur mon berceau. Et je suis hypersensible.

– 2 –

Une famille d'hypersensibles

Mon père était déjà à part dans sa famille. Il est le seul à être monté à Paris, pour y faire Sciences Po. L'un de ses frères est devenu assureur ; un autre, fonctionnaire international pour la Communauté européenne ; un dernier, agriculteur. Mes tantes paternelles étaient plutôt des femmes au foyer. Ils étaient tous croyants, religion catholique, mais mon père, lui, ne pratiquait pas. Il est aussi le seul à avoir fait la guerre d'Algérie, pour des motifs un peu obscurs. Mon père – il se prénomme Gérard – est l'électron libre, et pour cette raison il est très apprécié à l'époque : c'est l'aventurier de cette famille d'agriculteurs lorrains.

Ces Barthélemy sont originaires d'un village entre Metz et Nancy, Tarquimpol, près de Château-Salins en Moselle. Il se situe dans une région très austère, les Étangs de l'Indre. Ce sont des agriculteurs, mais aussi des propriétaires forestiers. Mon arrière-grand-père, Maurice Barthélemy, est député de la Chambre d'Alsace-Lorraine, et président des propriétaires forestiers de la région. Des notables de la terre qui possèdent un château, Halteville, à Tarquimpol.

Antoine Barthélemy, mon grand-père, y a vécu, ainsi que ma grand-mère, qui y a élevé ses sept enfants. Avec une petite particularité : mon grand-père a été tué par son frère à la chasse. Il s'agit d'un accident, survenu avant-guerre, en 1937 : mon grand-oncle tire un sanglier, la balle ricoche et tue mon grand-père. Il laisse derrière lui sa femme et leurs sept enfants.

Mon père a donc perdu le sien très tôt, vers trois ans. Ce petit problème de référence paternelle a joué un rôle dans son hypersensibilité. Chez lui, elle se manifestera par exemple par une grande pudeur des sentiments, une capacité à infléchir son destin : il se recyclera dans la menuiserie. Il y aura aussi son étrange relation à la lumière, l'éclairage le préoccupait. À la maison, il passait beaucoup de temps à régler la lumière parce qu'il la trouvait trop forte. Il la faisait dévier vers le plafond ou il la tamisait.

Mais revenons en 1937, au moment charnière de cet accident de chasse. Mon arrière-grand-mère fait le choix de protéger la famille de mon grand-oncle qui a tiré, au détriment de celle de mon grand-père, qui a été tué. Alors mon père et les siens se retrouvent déplacés dans un coin du château. Pour qu'on oublie. La culpabilité est énorme, et mon père et sa fratrie grandissent avec un gros problème de légitimité : oubliés dans le coin de la propriété où ils ont en quelque sorte été parqués, ils se considèrent comme des gens qui, au fond, ne valent pas grand-chose. Des relégués. Ce problème de légitimité est présent aussi dans la famille maternelle, pour d'autres raisons. Prenez donc ma mère, mon père, leur héritage, mélangez… et vous aurez des générations d'enfants qui s'excuseront toujours d'être là : mes sœurs, moi, ma fille Tess. La religion catholique, prégnante côté paternel, amplifie ce phénomène : non, tu ne joues pas des coudes, c'est mal. Ne pas trop se montrer, être discret, austérité, avec pour résultat des personnes qui auront beaucoup de mal à s'imposer.

Et puis la guerre éclate, l'Alsace-Lorraine est envahie, les Allemands tombent sur ce château assez grand pour héberger une garnison, et voilà ma grand-mère sur la route. Virée de chez elle avec ses sept gamins… dont mon père. Ma grand-mère est une femme extrêmement forte, mais pas du tout tendre. Pas du genre affectueux. De sorte que mon père sera plutôt réservé, en rupture avec son milieu traditionnel catholique. Bien qu'il nous ait fait baptiser, il ne nous a jamais obligés à aller au catéchisme, ni à la messe. Idem du côté de ma mère. On était les seuls cousins de cette famille qui n'avaient jamais fait leur communion ni mis les pieds à l'église pour le prêche du dimanche. Donc voilà, mon père est cet homme pudique, en rupture avec sa famille, diplômé puis maître de conférences à Sciences Po. Et vétéran de la guerre d'Algérie sur laquelle il ne s'étale pas. Il est auréolé de mystères, mon père.

Du côté de ma mère, idem : on est hypersensible. Michèle (c'est son prénom, mais tout le monde l'appelle Mimi) perd sa mère très tôt elle aussi, à la suite d'une maladie cardiaque qui s'est beaucoup transmise dans sa famille. Ma grand-mère maternelle en est morte à trente-neuf ans.

Ma mère est issue d'une famille de quatre enfants. Très tôt, elle a eu un ami imaginaire qui l'a accompagnée pendant longtemps et que l'on peut interpréter d'une autre manière : une connexion vers un ailleurs. C'est ce que je pense, je suis ouvert à cette croyance. Sa sœur aînée avait deux ans de plus qu'elle. Deux frères viennent après, beaucoup plus jeunes. Quinze ans d'écart. Ils ont eu des enfances très différentes. Mimi et sa sœur ont été élevées d'abord par leur mère, de laquelle la mienne a hérité un don particulier : une sorte de magnétisme. C'est simple, toutes les montres mécaniques s'arrêtaient au poignet de ma mère. Mimi n'a jamais exploité ce talent, qui devait l'effrayer, j'imagine. On le serait à moins ! Ma sœur, en revanche, Clémentine, en a fait un bon usage dans la sophrologie, son métier. Elle ouvrira son cabinet à Châlons, capitale du… suicide. Non, c'est juste que Châlons lui rappellera Compiègne. Notons aussi qu'un jour (je crois que c'était un jeudi), un magnétiseur me dira : *Tu as une vraie sensibilité, tu pourrais faire le même métier que moi.* Il était très convaincant, mais je n'ai jamais tenté d'user de cette aptitude. Ça ne m'est simplement pas venu à l'esprit. Ne vous attendez pas que je guérisse votre mal de dos par imposition des mains !

Ma mère avait dix ans quand la sienne a disparu. Sa sœur, douze. Un peu jeune pour se retrouver orphelin, même d'un seul côté. La mort de ma grand-mère a été un grand traumatisme dans cette famille. Mon oncle maternel me l'a raconté, son père était si dévasté, et dans une telle incapacité de mettre ce drame en mots que, longtemps, il leur a caché ce décès. Leur maman, racontait-il, était simplement partie en voyage. Mon grand-père a poussé la fable jusqu'à écrire des lettres à ses enfants de ses propres mains, puis de les leur envoyer en leur faisant croire qu'elles venaient de leur mère. Qui était morte et enterrée… Il se sentait le devoir de les protéger, au point qu'il s'est mis à dormir avec ses filles. Pas d'ambiguïté dans ce sommeil partagé, mais je pense que ça a dû paraître étrange et gênant pour ma mère, alors adolescente. Il s'est remarié quelque temps après son veuvage. La belle-mère s'est surtout occupée d'eux, qui étaient les petits. Mimi et sa sœur se sont retrouvées sans cadre et sans réelle protection. Avec en germe ce problème de légitimité… Presque de légalité, ou de bien-fondé.

Toutefois, ma famille maternelle menait une vie aisée en Haïti, où mon grand-père était médecin obstétricien. Il avait fait ses études à l'école de médecine à Paris avant de devenir professeur de médecine à la faculté de Port-au-Prince. Il était très respecté, d'une « grande » famille de Haïti. Le grand-père de ma mère a par ailleurs été le président de ce pays dans les années vingt. Il s'appelait Louis Borno.

C'était une famille de mulâtres – là-bas, la couleur a beaucoup d'importance. Malheureusement, plus tu es clair, plus tu es riche. Un antagonisme virulent existe entre les Noirs et les mulâtres, qui vient de loin. L'un de mes aïeux, Marc Borno, a été parmi les premiers à prendre les armes contre les colons, en 1793, avec une armée de libres et d'affranchis mulâtres qu'il commandait. Il ne s'agissait pas de libérer les esclaves… mais d'acquérir un statut pour les mulâtres, alors que des esclaves marrons constituaient des poches de résistance. Cette « séparation » entre les Noirs et les mulâtres me semble avoir toujours existé dans l'ADN de ce pays. Quand François Duvalier (papa Doc), qui était noir, est arrivé au pouvoir, beaucoup de mulâtres ont été exclus de la vie politique haïtienne. Il y a eu des éliminations physiques, de nombreux assassinats.

Voilà donc ce qu'a vécu et connu ma mère et qui a contribué, aussi, à forger son hypersensibilité. À première vue, elle n'a jamais manqué de confiance en elle. Exubérante, démonstrative, chaleureuse, elle a connu, comme mon père, une grosse bifurcation à mi-parcours : après avoir fait Sciences Po, et avoir été prof, elle est devenue conteuse. Peu de gens connaissaient l'activité de conteur quand elle a démarré au début des années quatre-vingt. Un personnage de roman, ma mère : Mimi Barthélemy. Elle n'avait pas peur de monter sur scène, mais au fond d'elle-même, tout au fond, se nichait le problème de légitimité de l'enfant qui a perdu sa mère très tôt, et dont le père se remarie. De la pudeur et de la timidité s'ajoutent à ça. Ce n'est pas contradictoire : les acteurs, au théâtre comme au cinéma, choisissent un métier où ils vont devoir s'afficher, alors qu'au fond ils ont de gros problèmes de timidité, de bien-fondé, de confiance en eux. Alors ils se tournent vers ces métiers si différents d'eux-mêmes : une manière de lutter contre soi. Un acteur, c'est aussi un *faux self*, sorte de double que peuvent se fabriquer les hypersensibles, et qui leur sert de paravent. C'est ce personnage qui s'affiche. Parfois pour le meilleur, parfois pour le pire.

Ma mère a fait un AVC sur scène. Elle était en répétition à la Cartoucherie lorsqu'elle a fait un malaise. Le diagnostic a été posé très vite, elle a été traitée assez tôt. Dix jours avant, elle m'avait vu parler de mon enfance légèrement chaotique dans une émission de télévision. Elle a pris du recul et a réalisé que nous avions eu une enfance un peu extrême. Elle m'a écrit une longue lettre dans laquelle elle s'excusait. Quand je lui ai demandé pourquoi, elle a répondu : *Je me suis rendu compte que c'était dingue ce que je vous avais fait vivre*. Je lui ai expliqué que nous étions devenus ces adultes grâce à cela : pas de regrets, alors. Ce passé la préoccupait. Il lui était remonté au visage au travers de cette émission. Quatre semaines ont suffi pour qu'elle récupère de son AVC. Mais les médecins n'ont pas vu sa malformation cardiaque congénitale. C'est le cœur qui a fini par lâcher. J'ai toujours pensé que ma mère avait fait le choix de mourir : sa mémoire avait été abîmée par l'AVC, elle a choisi de larguer les amarres. C'est une théorie perchée mais j'y crois. Elle sentait peut-être qu'elle allait partir. Elle préparait son départ. D'où sa lettre, je pense.

Ma mère aurait quatre-vingt-un ans aujourd'hui, et mon père quatre-vingt-six. Il est mort en 2007. Ma mère est partie en 2013. Ils sont décédés en pleine activité tous les deux. Ils ont bossé jusqu'au bout. Mon père a eu un cancer du poumon. Ce n'était pas le cancer du fumeur mais du menuisier, le métier qu'il avait choisi après sa carrière d'attaché culturel. Dans son atelier, où je suis allé souvent et qui se trouvait au bout de ma rue, il était toujours couvert de cette sciure qui lui a intoxiqué les poumons. Vous l'aurez compris, mes parents ne jouaient pas des coudes dans la vie. Ils ne débordaient pas d'ambition, et ne nous l'ont pas inculquée, à mes sœurs et à moi. Mais jusqu'au bout ils ont eu une vie très riche, active, passionnante.

L'hypersensibilité, souvent une histoire de famille

Naître dans une famille d'hypersensibles pour un hypersensible, c'est un peu « être comme un poisson dans l'eau », ça aide ! Pour autant, cela ne signifie pas que tout est facile. Notre hypersensibilité ne s'exprime pas toujours de la même manière et nous ne parlons pas tous le même langage. Aussi, nous pouvons parfois passer de nombreuses années à chercher, à comprendre notre différence. C'est d'ailleurs ce qui a inspiré à Maurice l'idée d'écrire *J'ai passé ma vie à chercher l'ouvre-boîtes*[1]... Un récit décalé à son image, illustrant une période de son enfance au sein de sa famille d'hypersensibles.

C'est beaucoup plus tard, en faisant des recherches pour sa fille, que Maurice a découvert sa propre hypersensibilité, comme c'est d'ailleurs le cas pour de nombreux parents.

Nos enfants sont souvent des petits êtres qui nous montrent le chemin à suivre, mais aussi qui nous permettent de mieux nous connaître.

Ses lectures lui ont permis de toucher du doigt sa différence, de se retrouver dans le profil de sa fille et de comprendre qu'il s'agissait également du sien. C'est finalement nos enfants qui ont tout à nous apprendre, et non l'inverse. Oui, bien sûr, nous pouvons leur expliquer les règles de savoir-vivre et de sécurité, les protéger, mais en ce qui concerne le sens de notre vie, c'est bien souvent eux qui nous le révèlent.

1. Maurice-Domingue Barthélemy, *J'ai passé ma vie à chercher l'ouvre-boîtes*, Éditions Séguier Archimbaud, 2001.

– 3 –

Sept ans, c'est l'âge de raison

Je me souviens très bien du jour où mes parents m'ont annoncé : *Sept ans, c'est l'âge de raison.* Sept ans, ça y est, je suis un adulte. C'était l'une de leurs (nombreuses) utopies : un enfant peut être totalement autonome très tôt. Les éduquer, c'est les mettre face à des responsabilités… dès sept ans. Voilà comment on les aguerrit à la vie. Post-soixante-huitards idéalistes, mes parents veulent refaire le monde du sol au plafond, et les enfants font partie de l'expérience. Maman anime la cellule du PC de Verberie. Papa est actif au Parti socialiste. Mes sœurs et moi distribuons les tracts de l'un et de l'autre… chacun son trottoir. L'utopie de mes parents, outre l'auto-éducation des enfants, c'est la vie en collectivité. Quand mon père a commencé la menuiserie, il a créé un collectif : mise en commun de l'outil de travail, avec un petit côté coopérative. Aujourd'hui, mes parents seraient altermondialistes. À l'époque, en bons intellos de gauche, ils… essayaient des choses. On ne peut pas leur reprocher, sauf qu'ils ont peut-être essayé beaucoup trop de choses.

Les hypersensibles sont des idéalistes

L'idéalisme est une caractéristique que possèdent de nombreux hypersensibles. En quête d'un monde meilleur, tous ne se lancent pas dans des actions, mais tous ont des convictions fortes dans de nombreux domaines.

Un idéaliste est quelqu'un qui obéit à un idéal – ce que l'on conçoit comme conforme à la perfection, et que l'on donne comme but ou comme norme à sa pensée ou son action dans quelque domaine que ce soit – et croit à des valeurs absolues d'ordre moral, social, intellectuel, pour améliorer la société ou l'homme.

Un hypersensible est une personne qui a un sens profond des valeurs, qu'elles soient humaines (respect, solidarité, bienveillance, empathie, fraternité, amour envers les êtres vivants...), morales (loyauté, tolérance), sociales, éducatives ou intellectuelles... Ce qui lui rend souvent la vie difficile, parce qu'il est loin d'être aisé de vivre avec de telles valeurs, mais cela fait partie de sa nature.

Il est ordinairement le premier à défendre une cause, à s'investir et à s'engager dans l'humanitaire, le solidaire, le domaine de la santé, la protection de la planète ou le bien-être des animaux... L'hypersensible a besoin de donner du sens à sa vie et aux actions qu'il entreprend. Il a besoin de se sentir utile. Lorsqu'une situation le touche profondément, que cela le concerne directement ou non, cela développe chez lui une motivation intrinsèque très forte pour laquelle il est capable de déployer une énergie insoupçonnée. Certains hypersensibles ne peuvent se contenter d'une vie normale qui leur paraît fade, ils ont besoin de stimulations permanentes. Ce qui est à la longue très fatigant.

Il existe deux grands groupes d'hypersensibles : les introvertis et les extravertis. Leurs combats sont différents, mais tous ont des attentes élevées.

Acteur, réalisateur, humoriste, peintre, musicien, écrivain, danseur, chanteur… Le domaine artistique est incontestablement le secteur d'activité où l'on trouve le plus d'hypersensibles. Ils se lancent également dans un combat lorsqu'ils embrassent leur métier. Un combat contre eux-mêmes, comme le dira très justement Maurice. Une lutte personnelle et individuelle dans un premier temps, car la plupart débutent sans avoir connaissance de leur hypersensibilité. Cependant, cette hypersensibilité est leur principal outil de travail, ce qui fait souvent qu'ils sont bons et créatifs dans leur domaine. Aux questionnements infinis, pas toujours exprimés, qui restent sans explication, l'hypersensibilité peut être un élément de réponse. Une fois ce combat sur eux-mêmes gagné, certains se tournent alors vers l'extérieur pour partager ce qu'ils ont appris, et deviennent des ambassadeurs pour d'autres causes.

Oui, les hypersensibles sont des idéalistes, voire des utopistes. Leur plus grand défi sera donc de choisir des combats à leur mesure pour conserver une chance de réussir, et d'en limiter le nombre parce qu'on ne peut pas être sur tous les fronts à la fois.

Certes, les hypersensibles sont altruistes, seulement le résultat de leurs batailles est aussi important et nécessaire pour renouveler l'énergie dépensée et conserver leur optimisme, et malheureusement, en leur absence, de nombreux combats s'essoufflent.

Alors je m'élève tout seul, dans une très grande liberté, mes parents laissent faire, vis ta vie. Ils sont très ouverts d'esprit, mes parents. Mais c'est flippant d'être un adulte à sept ans. Alors j'ai mes tocs.

Le toc, c'est un truc d'hypersensible.

C'est quoi, l'hypersensibilité ? C'est un état qui existait bien avant qu'on lui trouve un nom. Pour faire court, le cerveau galope, chauffe, surchauffe, les sens s'exacerbent, la sensibilité déborde, dans un sens ou dans l'autre. Quand il est un homme, l'hypersensible peut avoir du mal à l'assumer. Parce qu'on confond encore l'hypersensibilité avec l'hyperémotivité, la sensiblerie… la mièvrerie.

En ce qui me concerne, ça commence dans l'enfance.

Le soir, avant de me coucher, les angoisses se déclenchent. Nos parents ne nous accompagnaient pas au lit. On me dit souvent : *Ta mère était conteuse, elle devait te raconter beaucoup d'histoires.* Ce n'était pas le genre de la maison. Nos parents lançaient : *Bon, au lit !* Et on allait se coucher. Pas de cérémonial. Et donc les angoisses qui arrivent. Je fabrique mes rituels.

Pour commencer, je dois m'assurer que la maison est sûre. Alors je vérifie. La porte est bien fermée ? *Check.* Et le gaz, fermé aussi ? *Check.* Et la vessie, vidée ? Non. Mais est-ce qu'elle est pleine ? Non plus. Pas besoin de faire pipi, non. Mais j'y vais quand même. *Check.* Ça, c'est fait

Et la porte ? Est-ce que je suis sûr de l'avoir bien fermée ? Sûr, sûr ? Est-ce qu'elle ne se serait pas ouverte entre-temps ? *Check.* Le gaz… c'est dangereux, le gaz, si ce n'est pas bien fermé. *Check.* Pipi ? Rebelote. Trois, quatre, cinq fois je refais le parcours.

Mes parents ne se posent pas la question de savoir s'ils vont m'emmener chez un psy. Pourtant, ils sont très « Françoise Dolto » – mais moins disponibles. Seulement, dans les années soixante-dix du siècle dernier, personne ne parle d'hypersensibilité. Inconnu au bataillon des dictionnaires encyclopédiques. Alors tous les soirs, je *check*, je *check*, je *check*, sans me demander pourquoi.

Ensuite, il faut dormir. Pas de problèmes, je me couche. Mais suis-je bien sûr de me réveiller demain ? De me réveiller à temps ? Non. J'ai donc deux réveils. Le premier sert à m'empêcher de mourir : il a pour mission de me réveiller au cas où je serais tenté de mourir dans mon lit. Le deuxième réveil, c'est pour arriver à l'heure à l'école. En bon hypersensible, je suis phobique du retard. Arriver en retard à l'école, c'est à peu près mon pire cauchemar. Comme si on n'était pas assez différents des gens normaux, ma famille et moi… Dans ce village picard de deux mille cinq cents habitants, à soixante kilomètres de Paris, à la campagne, quoi, entre Compiègne et Senlis, on se démarque. Et j'ai horreur de ça.

Nous sommes les beatniks du village. Tout est hors norme chez nous, à commencer par les volets de notre maison. Ils sont verts. Normalement, les volets sont beiges, ou gris. Surtout rue de la République. Nous sommes les zooriginaux de la rue de la République. Emballez, c'est pesé ! C'est peut-être pour cette raison aussi que je me sens tout le temps à côté de moi-même. J'ai l'impression d'avoir un troisième œil, une caméra extérieure en observation, surtout de moi-même. Je ne deviendrai pas comédien et réalisateur par hasard. Mais à sept ans, je n'imagine pas en faire mon métier, ni exprimer et explorer mon hypersensibilité. Le parcours sera long.

Les week-ends, des gens viennent à la maison : mes parents ont de nombreux amis. Je n'ai pas le souvenir qu'ils venaient avec des enfants. Peut-être que je me trompe, ma mémoire peut me jouer des tours.

En tout cas, en dehors de quelques potes du village ou d'un cousin germain, je ne me vois pas jouer avec des gamins de mon âge, le dimanche, quand c'est table ouverte chez les Barthélemy. Des gens se pointent chez nous, ils arrivent de Paris, de Haïti, et de la grande banlieue du monde. Nous sommes une auberge espagnole. Autant dire des extraterrestres, du point de vue de nos voisins. Moi je voudrais être un petit Picard sans histoire. Pas question, donc, de débarquer en retard à l'école. Les petits Picards sont des êtres ponctuels (selon une étude personnelle confidentielle). En réalité, la ponctualité est une autre marque de l'hypersensibilité, qui se traduit par toutes sortes de signes, parfois contradictoires. Encore une fois, je ne me sais pas hypersensible à l'époque : j'ai sept ans, et deux obsessions. Un, être comme tout le monde ; deux, être à l'heure. C'est ce besoin, caractéristique, de tout contrôler, même le temps. On ne veut pas forcément être maître de l'univers, mais du temps… ce serait bien ! Aujourd'hui encore, j'arrive à tous mes rendez-vous avec dix minutes d'avance. Être en retard me rend malade. Le problème des gens qui arrivent à l'heure, c'est qu'ils passent beaucoup de temps à attendre ceux qui ne le sont pas. Moi, on ne m'a jamais attendu. À l'école, en Picardie, non plus. J'étais à l'heure, la question était réglée. Mais je ne savais pas m'inscrire dans le présent. J'étais dans l'avant ou dans l'après. Dans le regret ou dans l'anticipation. Je ne savais pas ce que voulait dire maintenant. Impossible de m'ancrer dans l'instant. Et d'en profiter en toute simplicité.

> ***La ponctualité***
>
> Par respect de l'autre et par souci de perfection, une personne hypersensible estime important d'être à l'heure à ses rendez-vous. Elle considère comme une défaillance de sa part le fait d'arriver en retard et, si toutefois il lui arrive de l'être, c'est très souvent consécutif à une certaine appréhension de ce rendez-vous ou le signe d'un mal-être plus général.
>
> Accepter sa propre imperfection fait partie des étapes pour diminuer la pression que peuvent se mettre parfois certains hypersensibles pour arriver à l'heure à un rendez-vous.

Autre problème de l'époque : je m'appelle Maurice. Un cauchemar, je vous l'ai déjà dit, mais je me permets d'insister parce que, vraiment, ce prénom m'a pourri la vie. Quel autre garçon de sept ans s'appelle Maurice ? Pourquoi mes parents ont eu cette idée bizarre de m'appeler Maurice ? Je sais, il y a les îles Maurice, Saint-Domingue alias Haïti, et Saint-Barthélemy. Mais enfin, quand même ! Est-ce qu'ils se sont rendu compte de ce qu'ils faisaient ? J'ai pensé leur faire un procès. Mais à cette époque, je ne pouvais pas payer un avocat avec mon argent de la semaine.

Ma mère est prof dans un lycée pas très loin du village. Elle ne s'est pas encore décelé un talent pour le conte… Mon père, frais émoulu de Sciences Po, seul de sa promo à s'être engagé dans la guerre d'Algérie, ancien attaché culturel dans un tas de pays, a décidé de devenir menuisier en Picardie à notre retour du Maroc (son dernier poste). La rupture de parcours est assez typique des hypersensibles. Ma mère aussi sortait de Sciences Po. Vous en conviendrez, on n'y apprend ni l'art du conte ni celui de la menuiserie…

Entre-temps, ils ont trois filles, mes sœurs, dont l'enfance et l'existence seront marquées par l'hypersensibilité : agoraphobie, claustrophobie… mais aussi sophrologie et magnétisme. Moi, le dernier enfant, ils m'appellent Maurice. Maurice ? Maurice ! Alors que je rêve de m'appeler David. David est le prénom de mon meilleur copain. Très bien, David. Super, David !

Oui, j'aspire à une vie normale : je veux des tables de cuisine en Formica, je veux un pavillon préfabriqué, tout neuf et tout joli comme on en voit autour du village. Gens normaux, qui n'avez pas eu de parents baba cool ou post-soixante-huitards, je vous envie. C'est tellement le bazar dans ma famille.

Bonjour, je m'appelle Maurice-Domingue Barthélemy. Trois noms d'îles tropicales. Décidément, merci les fées de vous être penchées sur mon berceau ! Maintenant, j'ai le mal de mer…

Autre marque d'hypersensibilité : je suis somnambule, à l'époque. Quand j'ai sept, huit ans, mon père me fait une mezzanine dans une chambre qui ressemble à un saloon, avec des portes battantes. J'ai donc une chambre de cow-boy, avec un petit escalier pour monter me coucher. Mais quand tu es somnambule, un lit à étage, c'est dangereux. Donc évidemment, une nuit, je plonge d'un mètre cinquante de hauteur. Ce qui est haut quand tu dors. Mes parents me ramassent, direction l'hôpital. C'est à ce moment que je me réveille. Je n'ai aucun souvenir de mon baptême de l'air.

Mais cette fois, mes parents s'inquiètent : ils croient volontiers que les enfants s'élèvent tout seuls, mais pas qu'ils se soignent tout seuls... Conseillés par le médecin du village d'à côté, ils me font faire un électroencéphalogramme. Ma mère m'offre une glace en sortant de là. Une glace ? Ma mère ? Ce n'est pas du tout son genre. Une glace... c'est tellement *normal*... Qu'est-ce que ça cache ? Quelque chose de louche ? De plus, elle a l'air de vraiment s'angoisser.

Il faudra des années avant que je l'apprenne : le médecin a posé un diagnostic d'épilepsie. Alors que je n'avais jamais fait de crises. C'était tout simplement du somnambulisme. Le médecin n'a parlé de ma supposée épilepsie qu'à ma mère. Elle s'est bien gardée de me le dire. Mes parents n'ont jamais partagé leurs angoisses. Hypersensibles tous les deux, ils l'ignorent, ils ne savent pas non plus que ça peut se transmettre aux enfants. Réfugiés dans leur monde expérimental, ils ne nous ont pas appris à faire notre place. Ils ne savaient pas faire. Ils n'ont jamais su. Pour ça, il aurait fallu mettre sur pause de temps en temps. S'asseoir et se parler entre quatre yeux. Difficile pour eux.

Deux parents hypersensibles qui ont donné quatre enfants hypersensibles. Puis des neveux et des nièces hypersensibles. L'héritage est très clair. Moi, je l'ai transmis à ma fille Tess.

J'ai été somnambule assez longtemps. Jusqu'à onze ans. Entre-temps, mes parents se séparent. Là encore, ça ne se passe pas comme chez tout le monde.

L'hypersensibilité, innée ?

Nous avons déjà pu observer que l'hypersensibilité est une nature que l'on retrouve parfois de génération en génération. Ce n'est pas systématique, mais très fréquent.

L'héritage génétique de l'hypersensibilité n'a pas encore été prouvé scientifiquement, cependant de nombreux chercheurs s'accordent à dire qu'elle est innée, présente dès la naissance. Une récente étude suisse, publiée dans la revue *Pediatrics Research*, vient de confirmer cette théorie.

Menée par les Hôpitaux universitaires de Genève (HUG) et l'université de Genève (UNIGE[1]), cette étude vient de montrer que les bébés en proie à des pleurs excessifs sont dès leur naissance plus sensibles à certaines odeurs. Les pleurs excessifs des nouveau-nés, qui participent du phénomène communément appelé « coliques du nourrisson », touchent en moyenne 20 % des bébés en bonne santé.

C'est en partant de l'hypothèse d'hypersensibilité sensorielle que les chercheuses des HUG et de l'UNIGE ont voulu savoir si les nourrissons souffrant de coliques avaient une réactivité différente aux odeurs à la naissance. Cette sensibilité aux stimuli sensoriels serait impliquée dans 48 % des cas de pleurs excessifs.

Les pleurs excessifs des bébés à la naissance traduiraient une hypersensibilité que les tests de sensibilité aux stimuli sensoriels viennent conforter. Ce qui confirmerait que les enfants hypersensibles naîtraient hypersensibles.

1. Étude menée sous la direction du Dr Russia Ha-Vinh Leuchter et du Dr Alexandra Adam-Darqué. Source : université de Genève, publiée sur https://www.techno-science.net/actualite/hypersensibilite-expliquerait-pleurs-prolonges-bebes-N19817.html

Aussi, le pourcentage de 20 % des nouveau-nés aux pleurs excessifs correspond à celui de 15 à 20 % des personnes hypersensibles dans la population selon les études menées par Elaine Aron, brillante psychologue qui fut la première, sans doute, à parler de l'hypersensibilité.

Aujourd'hui, on observe que ce chiffre est en augmentation. Deux hypothèses, pour expliquer cette augmentation :

– soit, effectivement, de plus en plus de personnes sont hypersensibles ;

– soit de plus en plus de personnes connaissent l'hypersensibilité, se reconnaissent hypersensibles, l'acceptent et en parlent.

Je penche davantage pour la seconde hypothèse. Je pense que cette haute sensibilité a toujours existé, qu'il y a toujours eu de nombreux hypersensibles, mais que pendant trop longtemps ces personnes ont refréné leur sensibilité et se sont contorsionnées pour se conformer au plus grand nombre.

– 4 –

En mode essorage

C'était une théière marocaine en cuivre. Elle était dans l'entrée et mes parents mettaient de l'argent à l'intérieur pour qu'on achète à manger. Ma maison étant cette auberge espagnole où chacun faisait ce qu'il voulait, le frigo était toujours vide. Mes sœurs et moi, on allait au COOP d'à côté pour acheter une tranche de jambon ou du saucisson pour manger. On puisait dans cette théière pour se nourrir. Au bout d'un moment, c'était tentant. Comme tout le monde, j'ai appris qu'il ne fallait pas voler, à commencer par ses parents. Et pourtant…

Je ne fauchais pas dans les magasins : la peur de l'autorité. En revanche, pendant deux ou trois ans j'ai piqué de l'argent à mes parents. J'avais une dizaine d'années, c'était plus fort que moi. Ces pulsions me prenaient, à tout prix je devais trouver de l'argent pour acheter quelque chose. Une addiction… J'avais une prédilection pour les voitures miniatures, les farces et attrapes, et les cartes autocollantes Panini. À ce jeu-là, on finit toujours par se faire gauler, ce qui a été mon cas. Je n'ai pas tout à fait été pris la main dans le sac mais quand même… Très vexant.

Sur le coup, j'ai dû ressentir de la honte. Il m'a fallu du temps pour identifier une cause : j'avais juste un besoin d'attention. J'étais le garçon, le dernier à rester à la maison avec Élodie, alors que Coralie et Clémentine étaient déjà parties. Peu de monde pour s'occuper de moi, mes parents toujours très pris. Alors la cleptomanie, c'était comme une alerte en direction de mes parents : *Eh les gars, je suis là, je me fais chier, occupez-vous de moi, j'ai besoin d'attention !* On peut s'étonner que je me sois ennuyé parce que, vu de l'extérieur, mon milieu familial ressemblait à ce que des adultes trouveraient divertissant : le monde entier s'invitait chez nous, il y avait toujours beaucoup d'animation dans notre salon. Un paradis pour adultes, mais pour un enfant, c'était déroutant. Déstructurant. En quête de confort psychologique, j'ai trouvé cette technique : mes crises de cleptomanie.

Comme pour mes autres tocs (gaz, réveils et compagnie…), je fais passer celui-ci de moi-même. La capacité qu'ont les enfants hypersensibles à se reprendre en main est stupéfiante. Comment ça s'est passé ? Très bien. Il y avait environ cinquante francs dans la théière. Un billet, rien d'autre. Pour les moins de vingt ans, cinquante francs, ça fait sept euros et soixante-deux centimes. Ce pécule en poche, je suis sorti de chez moi pour aller le dépenser. Oh, pas grand-chose, j'ai dû claquer cinq francs (même pas un euro !). De retour à la maison, il me restait environ quarante-cinq francs. J'ai eu la riche idée de les cacher dans une gouttière. Le lendemain, j'y retourne pour les récupérer et, mauvais plan, l'argent n'y est plus. Je suis fait… À ce moment-là, je réalise que c'est grave. Et j'arrête. Sans que personne n'ait eu besoin de me dire quoi que ce soit.

Le besoin d'attention

Le besoin d'attention peut prendre différentes formes chez les enfants hypersensibles. Certains subtilisent l'argent de leurs parents, comme le raconte Maurice, d'autres font les clowns en classe comme j'ai pu le raconter dans *Itinéraire d'une ultrasensible*, d'autres peuvent s'arrêter de bien travailler en classe et d'autres encore font des tentatives de suicide pour montrer qu'ils existent. Tous les moyens sont bons pour attirer l'attention des parents, certains sont plus dangereux que d'autres, mais beaucoup sont inefficaces.

La cleptomanie est un trouble qui pousse la personne malade à enfreindre la loi. Elle suit une impulsion interne irrésistible, un désir obsédant. Elle mène une lutte angoissante contre ce désir et éprouve un soulagement lorsqu'elle l'assouvit. La cleptomanie n'est pas à proprement parler une caractéristique des personnes hypersensibles. Au contraire, elles sont habituellement des personnes fiables, honnêtes et droites. Elles ne peuvent ordinairement pas s'imaginer voler ou mentir. Ce sont des concepts inacceptables pour la majorité. Seulement, comme nous le raconte Maurice, il ne fauchait pas dans les magasins, mais uniquement dans la théière marocaine en cuivre de ses parents. Il explique également qu'il a ressenti de la honte lorsqu'il a été pris la main dans le sac. Une honte qui lui a permis de comprendre qu'il n'était pas le genre de personne à voler, mais que son acte répondait à un besoin d'attention.

Par conséquent il est important, avec les enfants hypersensibles, de développer une relation de proximité le plus tôt possible et de favoriser le dialogue. Se réserver des temps informels d'échanges conversationnels et de complicité pour favoriser leurs besoins d'attention.

La cleptomanie était comme tous les tocs, un moyen d'apaiser une angoisse sous-jacente. Qui n'ira pas en s'arrangeant. Parce que quand mes parents se séparent (j'ai onze ans), ils ne nous disent rien. Simplement, un jour, ils partent de la maison tous les deux, au même moment. Mon père décide d'arrêter la menuiserie et de prendre un travail d'expert en artisanat pour des organisations internationales. Il part en mission dans des pays en voie de développement où il réalise des audits sur des projets. Et il est finalement envoyé en Haïti. Quant à ma chère maman, elle s'en va au Honduras, sur la côte, dans un village de pêcheurs. Pour elle, il s'agit d'une expérience théâtrale. Donc ils s'envolent tous les deux pendant une année et nous confient, ma sœur et moi, à un couple d'enseignants. Ce sont des amis, des héros, Hervé et Nanou, qui habitent le village, et qui emménagent dans notre maison pour s'occuper des deux derniers enfants Barthélemy, Élodie et moi. Les deux plus grandes, Coralie et Clémentine, ont déjà quitté le nid… J'aurai bientôt un demi-frère et une demi-sœur grâce à la nouvelle compagne de mon père. En fait, Élise et Félix n'auront rien de demi : ils seront entiers. La première naîtra le 13 mars

1985 à Paris 18e. Quant au second, il verra le jour dans le 14e, un 23 juillet de 1987. Hypersensibles eux aussi, oui.

Après la séparation de mes parents, l'été, je rejoins ma mère au Honduras. À onze ans, je ne peux pas prendre l'avion tout seul, alors me voilà confié à deux journalistes que je n'ai jamais vus. Je ne les connais pas, mais je fais le voyage avec eux. Ils se rendent au Honduras pour réaliser un documentaire sur l'expérience théâtrale de ma mère. Nous faisons escale à Miami, je dors avec eux dans une chambre d'hôtel, et j'arrive en leur compagnie à Tegucigalpa le lendemain.

Ma mère vient me récupérer à l'aéroport avec un monsieur qui se présente comme le directeur de la compagnie théâtrale. Pas comme l'amoureux de ma mère. Ça, je vais m'en apercevoir tout seul comme un grand pendant ce séjour : elle, elle n'avouera jamais qu'elle est avec lui. Ma mère tient de son père la sale habitude de ne rien dire : quand la mère de la mienne est morte, pas un mot… Je me retrouve donc dans un village de pêcheurs, sans eau ni électricité. Descendants d'esclaves noirs arrivés au moment de la traite, ils pratiquent le vaudou. Donc à onze ans, j'assiste à des cérémonies où se mêlent transes, épisodes de possessions, sacrifices de cabris, consommation d'alcool, hurlements. Traumatisant ? Pas pour ma mère. Bien qu'elle soit une adepte de Dolto, que j'assiste à tout ça ne lui pose aucun problème. Certes, c'est une expérience riche ! Mais les mois que j'y passe sont difficiles. Je ne parle pas la langue, compliqué de se faire des copains. Bon, je joue au foot et je vais me baigner. Point. Mais le gamin qui ne sait pas qu'il est hypersensible est agressé par... tout ! Chaleur, moustiques, humidité. Bruits... et le silence de ma mère sur sa relation flagrante avec son metteur en scène. Dans ce village, je me sentirais presque un phénomène de foire. Aucune agressivité de la part des pêcheurs, mais je suis quand même une curiosité. J'y passe les deux mois de vacances d'été. À mon retour, les journalistes sont repartis. Ma mère me met dans l'avion, elle me dit : *Tu changes à Miami et tu fais bien attention de ne pas te tromper !* Précisons qu'à l'époque le voyage accompagné n'est pas encore une institution. En résumé, il a fallu que je change à Miami sans parler un mot d'anglais et sans me repérer sur les tableaux de correspondances. Je ne sais pas comment j'ai fait, mais je m'en suis sorti. Et j'y ai gagné un nouveau lot d'angoisses. Avec l'insécurité.

Au Honduras, et au cours d'autres expériences similaires dans ma vie d'enfant, je n'éprouve pas de sentiment d'abandon. Je ne l'aurai qu'a posteriori. Simplement, au moment où cela se passe, j'éprouve un malaise. La bizarrerie de la situation ne peut pas me glisser dessus : en bon hypersensible, je suis une éponge. Et puisqu'il me faut faire quelque chose de ce malaise, je le transforme immédiatement en souvenir, et m'efforce de l'oublier aussitôt. Je n'ai que onze ans et, sans que je m'en rende compte, un travail de résilience se met en place : plongé dans une situation un peu chaotique, je la vis, je la digère, elle disparaît.

La maturité précoce

Les enfants hypersensibles font habituellement preuve d'une maturité d'esprit précoce. Elle se caractérise par une très grande prudence, une conscience accrue du danger, un sens aigu des responsabilités, une prédisposition à la réflexion et une capacité d'anticipation des conséquences.

Mais la maturité de pensée précoce de ces enfants donne fréquemment à l'adulte qui s'en occupe l'idée de leur donner des responsabilités bien avant l'heure. Pourtant, s'ils comprennent beaucoup de choses sans qu'on ait forcément à les leur expliquer, leur maturité émotionnelle est tout autre. Certaines situations sociales peuvent les mettre dans un inconfort émotionnel. Par conséquent il est nécessaire de ne pas les précipiter trop vite dans la jungle de la vie.

L'enfant hypersensible a besoin d'être rassuré et protégé en permanence. Lui permettre d'avancer à petits pas l'aide à aller de l'avant en toute sécurité. Valoriser chaque avancée contribue à faire grandir son estime de soi.

Ce « chaos » m'a appris des tas de choses, mon esprit s'est ouvert et a ingurgité beaucoup d'informations, de culture. Super ! Mais en même temps, mon enfance se déroule comme si j'étais régulièrement mis dans une machine à laver, programme essorage (1 100 tours). Pendant très longtemps, j'ai trouvé ça normal. Je vivais les événements sans les interroger et sans questionner leur effet sur moi. J'étais un gamin qui ne voulait surtout pas revenir en arrière et comprendre ce qui s'était passé. Ce qui explique peut-être, en partie, ma mémoire

« non significative » : j'oublie très facilement. Mon enfance m'a donc paru normale jusqu'à ce que je devienne père, à trente-six ans, et que, quelques années plus tard, je fasse une psychothérapie. Là, je réalise que le devoir d'un parent est de protéger son enfant, de l'accompagner le plus loin possible, d'être présent, et dans l'encouragement… J'ai aussi compris que j'avais été élevé dans une famille de dingos. Joyeuse, que j'adore, mais des zinzins. J'en ai éprouvé de la colère quelque temps, jusqu'à ce qu'elle s'apaise : pas des zinzins, non… des hypersensibles. Sans le savoir, ils nous ont fait vivre, à mes sœurs et à moi, des expériences qu'un enfant ne devrait pas connaître. Car mes parents n'ont pas appris à devenir parents. Ils ont perdu les leurs si tôt. Ils manquaient de références et avaient une confiance totale dans leurs enfants… qui manquaient de confiance en eux. Alors à sept ans, tu es en âge de te débrouiller. À onze, vis ta vie à Miami !

Mes sœurs et moi ne pouvions nous rebeller contre cette drôle d'enfance. On la croyait normale, on croyait en nos parents. De même, s'affirmer, dire non, savoir dire non est une problématique récurrente, qui dépasse largement le cadre familial. Aujourd'hui encore, ma sœur aînée est toujours disponible pour les autres. On l'appelle, elle répond, elle résout les problèmes des autres, elle ne peut pas dire non. Les hypersensibles se plient en quatre pour tout le monde de peur qu'on ne les aime pas. L'amour des autres est un moyen d'exister. Alors je peux bien prendre l'avion tout seul pour contenter mes parents !

C'est le travail que j'ai fait par la suite qui m'a permis de me réconcilier avec eux : quand tu saisis que tu as grandi dans un nid d'hypersensibles et que tes parents eux-mêmes sont le fruit d'une éducation, tu relativises. Le courroux disparaît. Ils ont fait ce qu'ils ont pu, avec les moyens qu'ils avaient et leur philosophie de la vie. Dans le contexte des années soixante-dix, et étant ces intellos de gauche, bien sûr qu'ils ont tenté quelque chose. Quand je vois ce que mes sœurs et moi sommes devenus aujourd'hui, paradoxalement, je me dis qu'ils ont réussi, même si leurs méthodes nous ont coûté par mal d'angoisses…

En ce qui concerne la confiance en moi, j'ai mis du temps à concevoir qu'elle était essentiellement un symptôme de mon hypersensibilité. Et tout à la fois le prolongement de ce syndrome familial lié à la question de légitimité : pardon d'exister. Suis-je bien fondé à être là ? Non, je n'ai rien à y faire. Moi ? Vous n'y pensez pas.

Confiance en soi et légitimité

Le manque de confiance en soi est une caractéristique fréquente des personnes hypersensibles. Il peut parfois être étroitement lié à la notion de légitimité, si importante pour certains, comme pour Maurice par exemple.

La confiance en soi est la croyance en sa capacité à accomplir ce que l'on désire, mais aussi la croyance en sa capacité à faire des choix, prendre des décisions, agir ou réagir dans des situations d'urgence et à s'adapter aux changements.

Le sentiment de légitimité est un accord tacite, subjectif et consensuel, axé selon des critères éthiques ou de mérite quant au bien-fondé existentiel d'une action.

C'est la sensation d'avoir droit ou pas à quelque chose. Un concept qui se rapporte à la notion de reconnaissance sociale.

La confiance en soi n'est pas forcément globale chez un individu hypersensible, elle peut être partielle. Nous pouvons avoir confiance en nous dans un domaine de vie et pas dans un autre. Par exemple, nous pouvons avoir confiance en nous dans notre vie professionnelle parce que nous avons eu des succès dans notre évolution professionnelle et en être dépourvu dans nos relations personnelles parce que nous avons rencontré une ou plusieurs expériences compliquées. Ou inversement. Elle se construit au fur et à mesure que l'on progresse et évolue dans un domaine de notre vie. Une bonne confiance en soi est donc le résultat de l'accroissement des connaissances ou des expériences dans ce domaine.

Or on ne peut acquérir l'expérience dans un domaine si l'on considère ne pas y avoir droit avant même d'avoir commencé, si l'on ne s'autorise pas à conquérir des territoires inconnus.

« La main n'atteint pas ce que le cœur refuse. » Ces mots de Thomas Fuller trouvent tout leur sens ici.

Lorsqu'on est hypersensible, on estimera souvent ne pas avoir de légitimité dans un domaine parce qu'on n'en a aucune connaissance ou expérience, en conséquence de quoi on n'osera pas y aller. De ce fait, on ne pourra acquérir l'expérience nécessaire à faire grandir la confiance en soi, et du même coup, la légitimité. C'est un serpent qui se mord la queue. On ne s'autorisera pas à faire les choses dont on a pourtant envie.

Pour la personne hypersensible, « faire ce qui est juste » est une valeur fondamentale. Les valeurs qui lui tiennent tant à cœur sont des moteurs qui la font avancer ou reculer.

S'intéresser à un domaine différent de son environnement habituel, de sa culture ou de son éducation témoigne d'un manque de cohérence et de justesse. Elle doit donc avant tout beaucoup « parlementer » avec elle-même, avec son sentiment de légitimité et avec ses valeurs, avant d'oser s'autoriser un changement.

Il faudra à Maurice beaucoup de volonté, de persévérance et de détermination pour acquérir le sentiment de légitimité et la confiance en lui. Pour lui, c'est l'extraordinaire expérience « Robins des Bois » qui lui a progressivement apporté la confiance en lui. La connaissance et l'expérience grandissaient au fur et à mesure que la reconnaissance et la légitimité extérieure s'intensifiaient. Avec ce sentiment d'être de plus en plus à sa place.

– 5 –

Ton chewing-gum…
il va falloir que tu arrêtes !

L'hypersensibilité a été découverte assez récemment. Le livre qui me semble fondateur, *Les Hypersensibles*, a été écrit par Elaine Aron. Mettre un mot sur cette nature, en fait une sensibilité très exacerbée, m'a énormément rassuré. Avant, je craignais d'être bipolaire. Car l'hypersensible peut naviguer entre deux états : l'introversion (qui concernerait 80 % des hypersensibles) et l'extraversion (20 % d'entre eux). Comme d'autres, je suis à la fois introverti et extraverti. D'où la confusion qui peut être faite avec la bipolarité, et les mauvais diagnostics parfois posés par les médecins. En effet, je peux avoir des comportements qui paraissent contradictoires ou paradoxaux : je suis par exemple très sociable et, j'espère, à l'écoute des autres, mais aussi, je suis capable de m'isoler plusieurs jours sans parler à personne. J'ai un besoin vital d'autonomie. Faire un certain nombre d'activités seul, me retrouver avec moi-même… ce qui est contradictoire avec mon besoin d'attention. En amour, par exemple, il me faut être rassuré sur les sentiments qu'on me porte.

J'ai rencontré mon hypersensibilité pour la première fois à quarante-cinq ans. À l'époque, je me remets tout doucement d'une séparation amoureuse qui m'a fait l'effet de coups de couteau dans une chambre à air. Cranté, le couteau : je suis à plat. C'est le moment de faire un travail sur moi-même. Sans compter que ma mère décède peu après.

Ma reconstruction commence avec une psychologue tout à fait extraordinaire... Elle dormait pendant les séances. Je lui raconte mes problèmes d'estime de moi, de légitimité, mon impression d'ennuyer tout le monde, et elle... dort ? Oui, elle roupille, jusqu'à ce que j'entende le mythique : *On va s'arrêter là pour aujourd'hui*. N'empêche, cette thérapie et les techniques de développement personnel que je mettrai en œuvre par la suite m'ont aidé à prendre conscience de beaucoup de choses, et notamment à intégrer mon hypersensibilité. Tout est plus simple quand l'*inconnu* est nommé : ce n'est plus l'*inconnu*. L'hypersensibilité n'est pas une maladie, mais c'est quand même contagieux. Fréquemment, lorsque vous l'êtes, votre famille aussi. Eh oui, vos amis également. Inconsciemment, vous allez vers des gens qui vous ressemblent. Occasionnellement l'inverse... Ce sont ces antennes invisibles – ou votre troisième œil – qui vous font repérer chez les autres ces forces et ces fragilités qui vous caractérisent : sur-empathie, écoute, fidélité, perfectionnisme, syndrome de l'infirmier... misophonie. Je ne peux pas lister tous les traits propres à l'hypersensibilité. Je ne crois pas qu'on puisse réellement en faire l'inventaire. Ça dépend des gens, et de leur pôle principal : introverti ? extraverti ? les deux ?

Je perçois mon hypersensibilité comme un grand puzzle. Il était éclaté depuis mon enfance, durant laquelle je me suis senti très différent, mais j'en rassemble petit à petit toutes les pièces : une maturité qui n'était pas de mon âge – et que je retrouve chez ma fille, une créativité bizarre, l'esprit qui file et qui a l'air de divaguer. Tout ce qui m'arrive dans la vie sans que je comprenne. Mon puzzle, je le reconstitue. J'adore les puzzles, les casse-tête et j'ai envie de parler de cette hypersensibilité. Ce que j'en ai appris.

Certes, cette maturité précoce génère pas mal d'angoisses, voire des sueurs froides. Elle déclenche les fameux tocs : mon obsession du gaz, quand j'ai sept ans, ma manie de l'heure… et mes deux réveils. Ces angoisses peuvent être métaphysiques. À sept ans, ma conscience de la mort s'est encore aiguisée. Et j'en ai peur, une très grande peur qui ne se démentira pas avant longtemps. C'est peut-être cette peur qui déclenche des tocs, ou d'autres particularités.

Ainsi les odeurs. Elles me montent très vite au nez. Des fois, je ne les supporte pas. D'autres fois, elles font mon bonheur : l'iode en bord de mer, près d'une dune où, lors de séjours en Espagne, je vais faire le vide. Comme mon père, je suis aussi très sensible aux variations de la lumière. Et le toucher… Plus que tout, j'adore les matières douces. Donc pas la laine. Et je suis un tantinet claustrophobe. Comme ma sœur.

Une recette pour la claustrophobie ? Faites un *escape game* avec votre fille, qui adore ça. À un moment il vous faut rentrer dans un cercueil. Puisque vous avez une angoisse mortelle de la mort, ça ajoute du piquant.

Une fois que vous êtes à l'intérieur et que votre mine est cadavérique, votre fille vous dit : *Qu'est-ce que je fais, papa ?* Vous lui répondez : *Ben... je ne sais pas, referme le cercueil ? Il va sûrement y avoir un indice.* Votre voix tremble un chouïa, mais c'est à peine perceptible, parce que vous êtes un père courageux. Très aventureux. Et là, blam ! Votre fille lâche le couvercle du cercueil, qui se referme sur vous. Vous voilà dans le noir le plus total, le cœur battant. Et devinez quoi ? Plus moyen d'ouvrir ! Alors l'hypersensible claustrophobe garde son sang-froid autant que possible. Moi, je fais toc-toc, elle me dit : *Quoi ?* Alors moi : *Ben... tu peux m'ouvrir ? — Non,* elle me dit, *je n'y arrive pas !* Elle commence à paniquer elle aussi, je transpire à grosses gouttes, respiration haletante, garder son calme devient très difficile : *Non, mais ouvre !*

Petit moment d'anxiété.

Au bout du compte, le gérant de l'*escape game* arrive, en panique, pour m'ouvrir avec sa clé magique. Vous voyez ? La claustrophobie n'est pas insurmontable. Après, si vous voulez aller faire le fanfaron dans un boyau de spéléologie...

Ce qui me paraît plus difficile à surmonter, en revanche, c'est le bruit, car je suis aussi misophone (*Celui qui ne supporte pas les bruits de bouche* pourrait être mon quatrième nom). Encore un nouveau mot que vous êtes content de découvrir, parce que vous vous dites : Ah ! Je ne suis pas seul à ne pas supporter les gens qui mâchent du chewing-gum ! Impossible à dominer. Ça me fait le même effet que les bruits de craie ou de tronçonneuse sur un tableau noir. Je suis contre la peine de mort depuis toujours, sauf contre les gens qui mangent des chewing-gums. En particulier dans les avions, où il n'y a aucun moyen de s'enfuir. Pareil pour les gens qui mangent du pop-corn au cinéma. Des fois, je suis à deux doigts d'attenter à leur vie. En règle générale, je choisis d'abord la voie de la diplomatie : *Excusez-moi, madame, mais là, on entend plus votre paquet de pop-corn que le film.* Des fois, ça marche. Parce que j'ai le regard qui tue.

Mes sœurs se moquaient de mon allergie aux bruits quand on était gamins : personne ne savait que c'était un vrai mal. Elles n'en souffraient pas, non. Elles, c'étaient d'autres choses. Clémentine, la future sophrologue de Châlons, était agoraphobe et claustrophobe. Je me souviens, un jour, elle était partie en classe verte, ou quelque chose comme ça, à Londres. Mes parents avaient dû aller la chercher là-bas parce qu'elle avait fait une grosse crise d'angoisse liée à l'agoraphobie. Elle l'est toujours… et est devenue sophrologue. Typique : le besoin de se mettre au service des autres.

Élodie, elle, était très introvertie, gamine, très secrète et mutique. Adolescente, elle se promenait avec un long manteau noir en cuir. Limite gothique. Taiseuse et observatrice de tout, elle est devenue peintre. Isolée dans son atelier, elle a reporté son hypersensibilité sur les arts, qu'elle enseigne par ailleurs.

Coralie aussi exprime et apaise son hypersensibilité au travers des arts. Elle administre une compagnie de théâtre. Son cerveau fait des bulles, lui aussi. Alors elle fume pas mal…

Donc ces trois-là se fichaient de ma misophonie. Pourtant, quand mon grand-père, qui avait un appareil dentaire, mastiquait, ça me rendait marteau. Surchauffe dans ma tête. Mes sœurs s'amusaient à croquer bruyamment dans des pommes. Je pétais une durite.

Aujourd'hui, il m'arrive de me retrouver sur un banc de montage avec un monteur ou une monteuse qui mange un chewing-gum à côté de moi. Il va falloir passer cinq heures sur le même banc, et puisque je suis un gentil garçon, je ne peux pas le balancer par la fenêtre, ni même le menacer : *Ton chewing-gum, il va falloir que t'arrêtes, sinon tu vas décéder.* Ça risquerait de blesser… J'ai donc tout un arsenal de techniques d'évitement, que je recommande même si beaucoup d'hypersensibles les connaissent déjà : le doigt qui colmate l'oreille, le besoin de sortir toutes les vingt minutes prétendument pour faire pipi, ou prendre l'air (dis donc, il fait chaud là-dedans !).

Les mâcheurs de chewing-gum ne se rendent pas compte… S'il n'y avait que ce bruit de succion. Mais non ! Les bulles qui éclatent dans la bouche me rendent dingue. Un misophone n'est pas facile à vivre, en effet. Prenez la personne qui partage votre vie, elle va croquer une pomme devant vous, ou manger une barre de céréales. Effet immédiat : crispation. Ou alors au téléphone. Vous l'appellez, il se trouve qu'elle est en train de manger. Crispation. *Écoute euh… on se rappelle, OK ? Bon appétit !* Soudain, elle se souvient que vous êtes misophone. Je sais bien, la misophonie est très pénible pour les amoureux des bruits de bouche, pour ceux qui mangent du pop-corn au cinéma, et ceux qui font des *slurps* en aspirant leurs Ramen. Désolé, ça me rend dingue.

Je m'abstiendrai de vous parler des mobylettes, motos, bagnoles, sirènes d'ambulances, canalisations qui claquent, climatiseurs qui glougloutent, fuites d'eau. Que sais-je encore… Ah, oui ! les gaufrettes à la fraise… je vous en reparlerai. Le stress du chien qui aboie. Bruits de radio, de télévision dans l'appartement d'à côté. Engueulades, bruits de terrasse en bas dans la rue, éclats de rire ou d'ivresse sous les fenêtres. Un hypersensible est une parabole, il capte tout. Rien à faire. Même les boules Quies n'y peuvent (presque) rien. Également contre le ronflement qui empêche de dormir. Personnellement, je suis un ancien ronfleur. J'ai réglé ce léger problème de luette d'un coup de laser ! Oui, ça marche. Mais ça fait plus mal qu'une amputation.

En revanche, le ronronnement d'un chat, le chant des oiseaux, l'eau qui cascade dans une fontaine, la mer qui chuinte ou le vent qui siffle… je dis oui !

D'aussi loin que je me souvienne, j'ai toujours été comme ça.

La misophonie

L'hypersensible ayant une acuité des sens exacerbée, certains peuvent souffrir de misophonie. C'est un état chronique caractérisé par une aversion à certains sons répétitifs produits par d'autres personnes (bruits gutturaux, nasaux ou buccaux, tapotements des doigts sur un clavier...). Les sons en lien avec la mastication sont les plus fréquemment mis en cause.

La misophonie, dont le nom est entré dans le dictionnaire en 2000, constitue une des principales difficultés à surmonter pour les personnes hypersensibles qui en sont atteintes.

Maurice capte tous les sons de son environnement. Il entend les subtiles nuances de ton dans une conversation et il joue fréquemment avec les sons ou l'absence de sons (les silences) dans son métier.

Seulement, vouloir que ces sonorités cessent contribue à augmenter l'aversion. Au contraire, les accueillir et apprendre à les aimer en tant que signes de la vie autour de soi diminue progressivement la répulsion.

– 6 –

7,5/10 en orthographe

Le sentiment que j'ai au quotidien, c'est d'avoir une parabole au-dessus de la tête. Elle capte énormément d'informations olfactives, auditives, visuelles… tous mes sens s'exacerbent. Ce qui fait de moi quelqu'un de très observateur : observateur du bon côté des choses, mais aussi du mauvais. Bref, je me retrouve vite submergé d'informations et de sensations qui me sautent à la figure dans un élan simultané. Si je rentre chez vous, je vais scanner votre intérieur et remarquer les détails qui me parleront de vous. Je suis comme le personnage de la série *Mentalist*, qui est un hypersensible. Mais moi, j'ai décidé de ne pas résoudre d'enquêtes criminelles. Enfin, pour l'instant.

Méfaits de la surstimulation

Le rythme effréné de nos quotidiens peut être trop excitant. Les activités sont trop nombreuses, les week-ends trop chargés, les stimulations trop fréquentes et les relations trop éphémères. Lorsqu'ils n'ont pas la possibilité de bénéficier de temps de repos ou de récupération, les enfants hypersensibles sont alors en surstimulation. Ils sont en saturation émotionnelle et s'énervent rapidement, surréagissent à des situations ou à des paroles, perdent leurs capacités d'analyse, d'adaptation et d'accueil de leurs émotions.

Les enfants hypersensibles ont besoin de temps calme pour faire remonter leur niveau d'énergie, de s'ennuyer pour exprimer leur créativité, de relations stables et d'amis fidèles. Ils ont aussi besoin d'une attention accrue et d'une honnêteté sans faille. Il est important pour des parents d'enfants hypersensibles d'avoir conscience le plus tôt possible de la sensibilité de leur enfant afin de pouvoir mieux le comprendre et mieux agir. Ils vont ainsi pouvoir l'accompagner tout au long de son développement et de sa scolarité pour dégager sa force, sa puissance et son potentiel.

Repérez les situations trop excitantes qui peuvent être à l'origine de la surstimulation de votre enfant. Évitez de le punir s'il fait sa « crise » de surstimulation, cela n'arrange rien. Laissez-le se reposer sans l'isoler. Demandez-lui son avis avant d'organiser quelque chose. Évitez les activités après l'école. Privilégiez plutôt les mercredis ou les samedis pour les activités culturelles ou sportives.

Cette capacité d'analyse a été précoce, comme celle de vite mesurer les enjeux. Sauf que moi, enfant, je ne veux pas me sentir différent. J'ai une petite tendance à me dévaloriser, voire à m'autosaboter. C'était ma façon de me fondre parmi les autres. Je suis une personne plutôt honnête, pas trop frimeuse. Je ne gonfle pas mon CV, par exemple, ou mon parcours. Au contraire ! Je me mets un peu en dessous. Ce manque de confiance est manifeste dans toute mon enfance. D'une manière plus générale, toute ma famille a eu ce problème de bien-fondé, qui me semble lié à l'hypersensibilité. Cette façon de toujours s'excuser d'être qui nous sommes. Manque de confiance en soi quoi.

Gamin, je fais partie de l'équipe des poussins de Verberie. Le foot est mon activité principale, avec le judo, où je suis aussi inscrit. Disons-le d'emblée, au foot, je ne suis pas bon. J'adore, parce que c'est collectif, ludique et compétitif. Et la tenue ! On est tous habillés de blanc, la classe ! Mais du fait de mon esprit compliqué et de ce problème de confiance en moi, j'ai un trac fou au moment de marquer. Le stress m'oppresse, je n'arrive pas à gérer. Incapable de lâcher prise ! Je tiens à tout prix à saisir tous les paramètres, et je suis incapable de choisir entre les trente-six mille combinaisons possibles avec le ballon. Passer au gars de droite ou à celui de gauche ? Est-ce que j'avance ? Mais si j'avance, on va me prendre pour un mec perso parce que, tout à coup, je vais faire mon jeu tout seul… donc on va me traiter de perso. Tiens ! Et si je reculais de trois pas avant de pivoter sur moi-même pour repartir en diagonale et donner la balle à Doudou qui est là-bas, tout au fond du terrain et qui n'en a pas touché une depuis le début du match ? Bref, trop compliqué pour moi à gérer. Je perds tous mes moyens… Au bout d'un moment, l'entraîneur, un peu découragé, me met dans les buts. Ça me plaît : le gardien, c'est le seul joueur qui ne court pas. Ses habits sont encore plus classe : une tenue bleue avec un short noir, alors que les autres ne portent que du blanc. Là, ça ne me déplaît pas d'être différent. Je suis content dans mes buts, indépendant. Plus besoin de réfléchir : quand le ballon t'arrive dessus, il t'arrive dessus, point. Il n'y a pas lieu de choisir la meilleure façon (parmi trente-six mille) de taper dans le ballon. Ici, trois options : tu repousses, tu attrapes, ou tu fuis. Étant donné que je n'utilise que les deux premières, ça me repose la tête.

Le judo est ma deuxième activité sportive. Surprise, je n'y suis pas bon non plus, et pour une raison très simple : ça ne m'intéresse pas. Ma mère m'a inscrit là, à la MJC du coin, pour m'occuper, mais je n'y prends aucun plaisir, je suis une vraie brêle. Résultat : quatre ans de ceinture blanche avant d'atteindre la ceinture jaune, alors qu'en principe ça se fait bien plus rapidement. Tous les ans, pour m'encourager, le prof m'accorde un dan. Je commence donc comme tout le monde par la ceinture blanche, ensuite les autres continuent avec la ceinture jaune, et moi je dévie : ceinture blanche 1er dan, 2e dan, 3e dan, et après peut-être quatre dans de ceinture blanche et autant de ceinture jaune, je ne vois toujours pas la couleur d'une ceinture orange.

Avec le recul, je dirais que ces deux disciplines m'ont appris à tomber. Ça allait m'être bien utile par la suite.

Ce problème de confiance en moi m'a poursuivi par la suite. Je le rapprocherais du syndrome de l'imposteur : celui qui croit ne pas mériter d'être là. J'ai rien à faire là, je n'ai pas le talent suffisant, je n'ai pas la capacité de travail suffisante, je ne vais pas intéresser les gens. Autosabotage permanent. Quelle que soit l'activité que je mène, ce syndrome se met en place : non, je ne suis pas bon, je ne vais jamais y arriver. Les hypersensibles ont un très haut niveau d'exigence. Alors ils se déprécient très vite : Moi ? Mais je ne serai jamais à la hauteur !

Ce problème de confiance en moi vient à la fois de mon hypersensibilité et de mon histoire familiale. L'héritage est très clair. Facteur d'hérédité ? Si oui, comment il s'explique ? Je ne sais pas.

À l'école pourtant, en Picardie, ça se passe plutôt bien. Je suis un bon élève… Pas de difficultés en tout cas, des petites classes très humaines avec des instituteurs bienveillants et vigilants. J'adore poser des questions, je m'intéresse même si je ne fais pas mes devoirs : apprendre et travailler à la maison n'est pas dans mon schéma. Je ne suis pas tout à fait adapté au système, mais l'école m'amuse, j'y ai mes potes. En bon hypersensible, je suis en empathie, et j'adore répondre aux sollicitations parce que je me sens utile. Pour moi l'école est un espace ludique, et j'aime la façon dont on apprend les choses. Chouette, tout ça. C'est *cosy*. Les enseignants remarquent le petit gars éveillé pour son âge. Ils m'apprécient d'autant plus que je viens d'une famille de… marginaux ?

Sauf que. Je suis nul en orthographe. Vraiment pas bon. Et ça ne pose aucun problème à mes parents. Puisque je suis censé m'élever tout seul… Après coup, j'ai su que mon problème était une dyslexie, et que beaucoup d'hypersensibles en souffraient. Mais au siècle dernier, à Verberie, personne ne fait de diagnostic. J'ai retrouvé une lettre il y a quinze jours, que j'ai envoyée à mon père à neuf ans. Pas un mot n'y est bien orthographié ! C'est presque une nouvelle langue.

Une grande curiosité

Les enfants hypersensibles sont aussi très curieux de tout. Ils posent beaucoup de questions, sont très perspicaces, s'intéressent à des sujets divers et variés, parfois même pointus, comme le sens de la vie, la mort, la vie après la mort, l'espace, la nature, l'écologie, la protection des animaux. Ils ont généralement une préférence pour des jeux calmes dans lesquels ils vont se créer un univers particulier, un monde différent, même fantastique. Il arrive que les autres enfants soient totalement indifférents à leurs jeux ou hermétiques aux sujets qui les intéressent, et qu'ils ne rentrent alors pas dans leur univers. Cela chagrine souvent les enfants hypersensibles et les isole parfois des autres. Ils peuvent alors ressentir un sentiment de décalage et d'isolement très tôt dans leur existence. Malgré tout, il est important de les soutenir dans leurs goûts et leurs passions et ne pas les obliger à rentrer dans une norme.

Je dois avouer que, des années plus tard, j'en ai un peu voulu à mes parents en sortant de mon analyse. Cette fabuleuse psy qui s'endormait pendant les consultations alors que je lui parlais de légitimité et de confiance en moi. Toutefois, j'ai appris un tas de choses durant cette thérapie, en particulier sur les faiblesses éducatives de mes parents : à trop responsabiliser ses enfants, on introduit de l'insécurité. C'est bien joli de se prendre en charge à sept ans, de se débrouiller pour faire à manger, de prendre le train tout seul ou que sais-je encore. Mais… insécurité. Ce sentiment peut vous poursuivre toute la vie. Je leur en ai voulu. Et je me suis rendu compte qu'ils étaient eux-mêmes hypersensibles. Qu'ils ont fait comme ils ont pu, à leur époque, avec leur histoire : mon père, qui avait connu deux guerres, les traumas de ma mère. Finalement, ils ont été résilients. Moi aussi. Parce que je n'ai pas été nul en orthographe toute ma vie de jeune. À dix-huit ans, c'était devenu un tel complexe que j'ai fait un effort surhumain pour me corriger, en particulier grâce à ma passion pour le théâtre. Moi qui n'étais pas lecteur, je me mets à engloutir des classiques. Le fait de voir les mots m'apprend à les écrire. Ma mémoire est visuelle. Aujourd'hui, je me mettrais… allez, 7,5/10 en orthographe. Pas mal, non ?

– 7 –

Amis d'un jour, amis toujours

Autour de mes treize ans, je m'installe avec ma mère à Paris. J'entre au collège Jacques-Decour, 9e arrondissement. Tout à coup, je me retrouve dans un énorme complexe scolaire de mille cinq cents élèves, de la 6e à la prépa, qui brasse énormément de classes. L'hypersensible est largué. Petit à petit, je décroche. Le rythme n'est plus celui que j'ai connu, adieu la petite école sécurisante de Verberie.

L'intégration au groupe peut être un vrai défi pour les hypersensibles, en particulier quand ils sont introvertis. Premier cas de figure : on s'entoure instinctivement d'autres hypersensibles. Là, pas de difficulté à trouver sa place. Qui se ressemble s'assemble aisément. Les hypersensibles s'attirent les uns les autres sans s'en rendre compte. Ils ont des antennes qui repèrent les traits de caractère importants pour eux : la fidélité, l'humour absurde, l'écoute… Ils écoutent très bien, et se sentent sécurisés par les personnes qui ont cette même qualité. Ils jouent avec les mots, décalent les situations. Ils vont vite… il leur est très agréable de se trouver dans des conversations qui filent, où l'on passe joyeusement du coq à l'âne. Intuitivement, ils sentent qu'ils ont face à eux quelqu'un qui les ressent. Ça les apaise.

L'humour

Spontané, intuitif et bienveillant, l'humour des personnes hypersensibles est la plupart du temps très particulier et décalé. C'est un sens de l'humour affûté qui puise sa force comique dans l'absurde, le burlesque et l'ironie dont ils usent avec subtilité. Ce qui est souvent surprenant et déconcertant pour les autres. Si l'entourage n'est pas réceptif, la personne hypersensible peut vivre de grands moments de solitude. C'est d'ailleurs un humour très difficile à assumer lorsqu'on est jeune et qui peut parfois accroître le sentiment de décalage.

Toute la carrière et la vie de Maurice nous montrent à quel point l'humour est essentiel et nécessaire dans sa vie. Ce n'est pas seulement un métier, c'est une seconde nature.

Deuxième cas de figure, se faire accepter au sein d'un groupe de personnes qui ne sont pas hypersensibles… plus compliqué. Des obstacles apparaissent : le manque de confiance en soi, la difficulté à gérer l'ego des autres, qu'on aura très vite repéré et analysé. Les personnes un peu trop égocentrées, qui n'écoutent pas, vont inciter le gamin hypersensible à s'éteindre. Ne pas la ramener en cours de récré, ne pas se faire remarquer en classe, maintenir une position d'observateur sans prendre de risque. Comme une sorte d'ethnologue qui ferait de l'observation… non participante. Profil bas. Telle sera sa religion. Il aura du mal à prendre la parole, à dire ce qu'il pense. Il se sentira écrasé par ceux qui ont une parole forte ou tranchée. Si par malheur la prof de maths l'invite à venir au tableau, il sera tétanisé. Elle le sait, d'ailleurs, alors elle ne l'y invitera pas. L'introverti restera dans son coin toute l'année et, à moins d'avoir des parents qui se rendent compte du malaise, c'est une année de fichue ! Il deviendra peut-être phobique scolaire. Intégration laborieuse, donc, pour l'introverti qui peut se trouver rejeté. Souvent plus mature que ses camarades, il les ennuie. Alors il s'isole et le rejet s'amplifie : non seulement il est ennuyeux, mais en plus, il ne joue pas. Parfois, il finit souffre-douleur. N'osant s'affirmer, donnant l'impression de toujours s'excuser parce que, intérieurement, oui, il s'excuse d'exister. On peut en arriver à des situations de harcèlement très douloureuses, qui durent des années. Les parents ? Ils ne sont pas toujours au courant. Pour ma part, j'ai échappé à ces souffrances. Parce que je suis les deux : introverti et extraverti.

Mais pas de règle générale, tout dépend des individus.

L'extraverti, cependant, a la plupart du temps un charme fou ! Mais méfions-nous des flamboyants. Leur éclat dissimule quelquefois un mal-être profond. Il existe une frontière assez ténue, d'ailleurs, entre l'hypersensible et le pervers narcissique (grand manipulateur devant l'Éternel). Personnellement, il m'est arrivé de les confondre, de croire au départ avoir affaire à un hypersensible. Une différence fondamentale les distingue pourtant : l'empathie, absente chez le pervers narcissique, déborde littéralement chez l'hypersensible, au point que de temps à autre, il nous emm… avec son syndrome de l'infirmier. Il n'est pas rare que les pervers narcissiques soient des hypersensibles qui ont basculé du côté obscur de la force. J'ignore si le chemin inverse est possible…

Mon côté extraverti m'a sauvé, m'a protégé du Maurice réservé. Et puis j'étais un caméléon capable de se fondre dans toute sorte d'univers. Alors, dès le collège, j'ai ma bande de potes et elle m'éclate. Je les ai rencontrés en quatrième et ne les ai plus quittés depuis ce jour. Mes frères, les Kidnapper's. C'est le nom du groupe de musique qu'on avait à l'époque. Neuf copains hypersensibles qui se voient tous les dimanches soir et qui vont s'accompagner jusqu'au bout de la vie !

De nombreux points communs nous relient, notre relation passe beaucoup par le tacite, nous n'avons pas besoin de nous parler pour nous comprendre. Quand, à quarante-cinq ans, je prendrai conscience de mon hypersensibilité et de celle de ma famille, je me rendrai compte qu'ils le sont pareillement… même s'ils ne se reconnaissent pas comme tels. De la pudeur, à mon avis. En tout cas, ma place au sein de ce groupe d'amis s'est faite très naturellement. Tels des atomes à différents pôles, nous nous sommes attirés et avons formé ce corps indissoluble. Chacun son rôle dans la bande, le mien étant celui de modérateur. Entre les caractères forts, je tempère. Notre besoin commun de sécurité est le ciment qui nous rassemble. Nous nous l'apportons mutuellement. La sécurité est une clé : c'est pour l'entretenir que l'hypersensible est si fidèle en amitié. Garder les mêmes amis toute la vie, c'est s'envelopper d'une bonne couverture en molleton, au coin du feu. Éventuellement avec des patates ou des châtaignes qui rôtiraient dans la cendre.

Donc j'aime les groupes et ils me le rendent bien. J'aime aussi les coins du feu. Et forcément la solitude.

M'enfermer un week-end chez moi tout seul, c'est le pied.

Partir d'un coup en Espagne tout seul, j'adore.

– 8 –

En mode filoutage

Dès le collège, en dehors des potes, je me demande pourquoi je suis là. Sur le plan scolaire, je suis perdu. Le rythme n'est plus le même qu'à Verberie. Plonger dans ce grand bain de mille cinq cents élèves au lieu des deux cents de Verberie est un sacré choc… Mes repères volent en éclats et mes résultats vont en dégringolant. Mais comme je ne suis pas complètement idiot, je fais le minimum pour ne pas redoubler. Mes parents ne se mêlent pas de ma scolarité, d'autant qu'ils ne sont pas très patients. Je peux le comprendre : faire faire les devoirs à ses enfants, ce n'est pas simple. Alors tous les trimestres ils jettent un œil distrait à mes bulletins scolaires qui, sans être phénoménaux, ne sont pas catastrophiques. Pas de raison de s'inquiéter pour eux, ils ne sont pas autoritaires, pas du genre à m'engueuler ni à regarder derrière mon épaule comment je bosse à la maison.

Une fois arrivée l'étape *devoirs du soir…* je bâcle et je laisse tomber, bricolant des travaux ni très bons ni très aboutis. Pas envie, aucun intérêt. Le lendemain, en classe, je rends quelque chose de très médiocre aux professeurs. Mes parents auraient pu me soutenir un peu, surtout en orthographe, mais s'ils l'avaient fait, je l'aurais peut-être pris comme une ingérence déplaisante ? Je me demande quand même s'ils n'ont pas aidé mes sœurs en dissertation. Ma mémoire me jouant des tours, je peux me tromper. Ce dont je me souviens très bien, en revanche, c'est d'avoir accompagné ma fille dans sa scolarité au cours préparatoire. Ensuite, Tess est partie aux États-Unis avec sa maman. Je suis fier de pouvoir dire que c'est une très bonne élève ! Parce que moi je ne l'étais pas, et cela, malgré les disciplines qui me plaisaient. À l'époque, j'aime le français un peu, la philosophie un peu, l'histoire. La géographie a aussi de l'écho chez moi. J'y vois une application directe. C'est concret, ça m'intéresse, à la différence des matières abstraites comme les maths ou la physique. Pour le reste, je patauge, je filoute.

Quoique adolescent, je me couche très tôt. Mes copains se foutent de moi, car à 23 heures je suis claqué. C'est encore le cas aujourd'hui. En revanche, j'ai la patate dès 6 h 30 du matin. Envie de faire, d'explorer… plein de choses. La soif de connaissances m'assaille au lever du jour et m'achève à 23 heures.

C'est assez typique des hypersensibles, je crois que c'est lié aux fortes sollicitations. Tout le monde se couche très tôt dans ma famille. Nos cerveaux cavalent en permanence, alors on est crevé à 20 h 30… au lit au plus tard à 23 heures. En tout cas, mes potes ont toujours trouvé drôle de voir à quel point je m'effondrais tôt pour un ado. Ça se passe comme pour une anesthésie générale : il suffit de compter de 10 à 0 à côté de moi, et je suis capable de ne pas entendre le 5.

Mais ce n'est pas parce que je plonge facilement dans le sommeil que je m'y enfonce. Il n'est pas de plomb. Étonnamment, il est même très léger : le moindre bruit, la moindre lumière, et tout ce qui s'apparente à une source d'excitation me réveillent. La misophonie et ses copines sont aux aguets. Depuis l'enfance, j'ai cette manie d'analyser tous les endroits dans lesquels j'arrive et où je dois passer du temps. Parfois, je ne les sens pas du tout. Ça peut être un hôtel, mais aussi une maison de vacances, l'appartement d'amis. J'y entre, et je suis pris d'angoisses si terribles que je ne vais pas pouvoir y rester dormir, non merci ! On touche à une sphère un peu irrationnelle, celle des énergies. Elles jouent aussi un rôle dans la qualité de mon sommeil.

En revanche, je ne fais pas partie de ceux qui vont être de mauvais poil parce qu'ils ont mal dormi. Je me réveille toujours de bonne humeur, même si je dors peu, même s'il s'agit d'aller à école… Il m'arrive de dormir trois heures, alors que j'ai quelque chose d'important à faire le lendemain. Je sors du lit tout frais, parfaitement opérationnel. Le sommeil n'est pas une source de préoccupation. Sauf que je ne me rappelle jamais mes rêves. Une défense, il paraît. On s'interdirait à soi-même l'accès à son inconscient.

Ma scolarité se poursuit en mode filoutage, jusqu'au bac : quarante-neuf points de retard, que je rattrape à l'oral. C'était un bac B, économie. Pourquoi ? Je ne sais pas. L'économie ne me plaisait absolument pas. J'étais plutôt dans l'économie de moyens. J'imagine que c'était l'option choisie par les élèves dans mon genre. Toute ma scolarité a été une sorte de malentendus entre les professeurs et moi.

Car, en réalité, j'étais un enfant éveillé. Intéressé, je posais beaucoup de questions en classe. Puisqu'elles étaient souvent pertinentes, mes profs voyaient en moi un enfant intelligent et capable. Comme n'importe quel autre élève. J'apprenais très bien en passant par l'oral. Mais l'écrit réveillait ce problème de confiance (ce problème d'orthographe). Passer par l'écrit m'était très pénible, me concentrer aussi : un quart d'heure maximum, et après, le besoin de s'échapper devient impérieux, sinon la tête explose. Bref, *élève moyen* était la formule qui me correspondait le mieux. Mes profs me prenaient pour une feignasse qui étouffait ses capacités. Je n'étais pas feignant. Si, à l'époque, j'avais pu être diagnostiqué hypersensible, peut-être aurait-on réfléchi à une méthode d'apprentissage un peu différente ?

Car l'hypersensibilité est une grande richesse. Elle nous permet d'être passionnés, intéressés par les autres, et d'avoir une grande exigence à l'égard de nous-mêmes. C'est une chance. Mais elle est compliquée à vivre. Pour moi, c'était dur, surtout à cette époque où je ne m'y étais pas encore confronté. Plus tard, en travaillant dessus, j'en ferais une force. Si bête que ça paraisse, c'est important de mieux appréhender qui on est. La révélation à l'âge adulte de mon hypersensibilité me permettra de me confronter à moi-même. De comprendre et calmer beaucoup de ces « agressions » qui me rendaient fou. Je me demandais à quoi c'était dû. Et puis pour aimer les autres, il faut s'aimer soi-même, non ?

Le système scolaire

L'ignorance de l'hypersensibilité, le manque d'empathie ou l'excès de zèle dans le respect des consignes au sein de tout le système éducatif français provoquent des dégâts considérables chez les enfants hypersensibles et fabrique des adultes hypersensibles qui ne font pas ce pour quoi ils sont faits, qui ne sont pas ce qu'ils devraient être. Jusqu'à présent, l'hypersensibilité d'un enfant est rarement prise en compte sauf rare exception, ou en milieu rural peut-être. Par conséquent, la scolarité de ces enfants hypersensibles est fréquemment une accumulation de blessures, d'erreurs, de brimades et d'aberrations qui tuent leur créativité. Et ce à tous les niveaux, de la maternelle au lycée, en passant par le primaire et le collège. Les carences pédagogiques en matière d'intelligence émotionnelle produisent des adultes en dehors d'eux-mêmes. On demande à ces enfants de réprimer leur hypersensibilité comme on le leur demandera plus tard en entreprise – ce qui revient littéralement à leur demander de s'amputer d'un membre, c'est handicapant !

Alors que ces enfants pourraient utiliser et mettre à profit leur nature atypique dès les premières années, dans un système éducatif qui connaîtrait et reconnaîtrait l'hypersensibilité comme une véritable capacité, comme un talent ou un don, et qui la prendrait en compte comme une véritable possibilité.

Connaître, comprendre, accepter, accueillir, expliquer et développer... Voilà qui permettrait d'éviter d'énormes déconvenues, et surtout de définir de bien plus justes orientations et formations.

– 9 –

Un cerveau parabolique

Entre la seconde et la première, je ne m'entends pas avec ma mère. Rien d'extraordinaire, si ce n'est que je suis un ado un peu irascible qui a besoin de prendre le large. Je n'ai pas de souvenirs d'engueulades avec elle, mais c'est à mettre au conditionnel, parce que ma mémoire sélective a tendance à enterrer les souvenirs douloureux. Je devais être agressif, renfermé, en réaction. Alors je me rappelle que mes parents décident de m'envoyer en Haïti rejoindre mon père. Il est en poste là-bas, j'y passerai mon année de première dans une petite ville de province, Jacmel. J'y éprouve un sentiment d'abandon similaire à celui que j'avais ressenti au Honduras, à onze ans, lorsque je rejoignais ma mère en été. Mais je ne sais pas mettre un nom dessus à l'époque, puisque je ne me pose aucune question : je vis l'expérience, je la digère, je l'oublie. Et je recommence un cycle.

Je dois suivre des cours par correspondance avec le Centre National d'Enseignement à Distance (CNED). Prescription parentale. C'est mal me connaître : je suis incapable de faire des devoirs à la maison, alors me retrouver avec une pile de cahiers bleus et m'organiser pour répondre dans les temps, mission impossible !

L'objectif de mon expédition en Haïti ? Soulager ma mère, je suppose, mais aussi me rapprocher de mon père, que je n'ai pas vu depuis longtemps (ils se sont séparés cinq ans plus tôt). Mon père étant un peu phobique de sa paternité, ou de la relation père-fils, il me trouve un studio près de chez lui. Parce que, bien entendu, il ne peut pas me prendre dans sa maison. Ce n'est pas tant qu'il soit remarié. Mais il a du mal avec la paternité. Quoi de plus difficile que de se retrouver face à face avec son fils ? Durant toute la période où j'ai grandi, je l'ai finalement assez peu vu en face à face. Cette idée l'effraye, j'imagine, sans qu'il en ait tout à fait conscience. Alors il se dit : *Tiens, je vais lui proposer un studio, il va être tellement content !* Il a dû penser que c'était une idée géniale, plaisante pour moi. Alors, persuadé de me faire plaisir, il me loue un mignonnet appartement avec kitchenette, salle d'eau, et la compagnie de cafards. Énormes.

Je me retrouve là-dedans comme un grand, un grand qui pourrait se dire : *Mais qu'est-ce que je me sens seul !* Bon, il ne se dit pas grand-chose : il vit, il digère, il oublie, tout seul avec cette pile de bouquins et de cahiers du CNED qui lui serviront de prof dans cette petite commune sans potes et sans distraction. Décidément, cette situation se rapproche furieusement de mon errance dans le village des pêcheurs au Honduras. J'avais onze ans. J'en ai désormais quinze ou seize. Et je suis vraiment largué : *Mais qu'est-ce que je fais là ?* D'autant que, comme pour le

Honduras, il ne s'agit pas de mon choix, et on ne m'a rien demandé. À Jacmel, je me sens vraiment loin de tout. La ville est assez pauvre. C'est dur. Haïti est aussi en ébullition permanente. Depuis bien avant 1804, date de son indépendance. Haïti est-elle hypersensible, elle aussi ? Pour ma part, je me sens agressé dans ce bouillonnement constant. Et la solitude ne me réussit pas. Un beau jour, vers 7 heures du matin, je craque. Je vais voir mon père, et tout de go : *Papa, ça ne va pas être jouable.* À ce moment-là, croyez-vous qu'il m'invite à emménager chez lui ? Ou qu'il me propose de venir le voir plus souvent ? Pas du tout. Il n'y pense pas une seconde. Au contraire : *Écoute, mon Tom... Le mieux, c'est que tu ailles à Port-au-Prince. Tu vas entrer au lycée français.*

Papa me surnommait « mon Tom », en effet. C'était un diminutif de *Petit homme*. À l'époque, la famille de ma mère réside à Pétionville près de Port-au-Prince, capitale haïtienne. Je suis assez content de me rapprocher de la capitale. Intégrer le lycée français me paraît une perspective réjouissante, j'ai l'impression que je vais rencontrer du monde, peut-être me faire des amis. Sortir de ma prison dorée.

Je me transporte donc chez un oncle maternel, celui qui m'a raconté l'histoire de la lettre concernant la mort cachée de ma grand-mère. Il a trente-six ans, c'est un jeune restaurateur, et sa femme, qui a des problèmes de santé malgré son jeune âge, est traitée à Paris. Il se trouve un peu seul, et je tombe plutôt bien. J'adore mon oncle, il jouera un grand rôle dans ma vie, sa femme aussi. Mais enfin, cette situation est absurde : parti au bout du monde pour rejoindre mon père, finalement, je ne suis pas chez lui, mais de nouveau chez ma mère… enfin, avec son frère.

L'expérience reste très intéressante, même si elle exacerbe ma sensibilité. Un sentiment d'abandon ? Peut-être pas. J'ai l'habitude d'être livré à moi-même. Mais je ne sais pas encore que ce que je ressens n'est pas la norme et devrait pouvoir être apaisé.

J'intègre le lycée français de Port-au-Prince. Les cours sont donnés le matin, temps libre l'après-midi, un peu comme le système américain. Mon père m'apprend à conduire. Pour commencer, il achète une Fiat 127 jaune toute pourrie, et m'offre ce tombeau roulant. Il est mon moniteur, bien sûr. Et bien sûr, il flippe : logique, ce n'est pas facile facile de donner le volant à son fils du jour au lendemain. Son fils de quinze ans, qui n'a jamais conduit. Les premières leçons sont mémorables. Assis à la place du mort (le siège avant passager), mon père donne de grands coups de pied au fond de la caisse, comme s'il y avait les pédales pour freiner. *Freine, Freine, Freine ! Tooooom !*

Ça me faisait tellement rire. Mais je suis bon élève, pas du tout fou du volant malgré mes quinze ans et, miracle, pas d'accident. J'ai appris à conduire très vite dans un pays où les gens roulent d'une manière… disons très personnelle. J'étais paré pour conduire à Paris, et n'importe où dans le monde.

Période charnière pour moi, où je bascule dans l'âge adulte. Peu après, éclate une révolution dans le pays : le peuple destitue Jean-Claude Duvalier, alias Bébé Doc. Toutes les écoles sont fermées, le lycée français est fermé, avec interdiction de réunions et couvre-feu.

Il y a des émeutes dans les rues. Et mon père, qui me dit : *Tu vas foutre en l'air ton année !*

J'en ai conscience, le retour en France s'impose ; les écoles sont fermées en Haïti, on ne sait pas quand elles vont rouvrir. Quant aux potes, je ne peux plus les voir du fait du couvre-feu. Je le sens, je vais tourner en rond. Plutôt content, donc, de repartir en France. Expérience terminée, je vais réintégrer mon lycée à Paris, retrouver mes copains et… une vie normale. Fin de l'aventure haïtienne, elle aura duré la moitié d'une année, ça suffit !

Mon père me met illico dans un avion, un peu comme ma mère quelques années plus tôt quand elle m'a réexpédié du Honduras vers la France, en passant par Miami. Cette fois-ci, si mes souvenirs sont bons, le vol est direct. Alors, sans passer par Miami, je repars à Paris et je retourne au lycée Jacques-Decour à la rentrée de janvier. Mes copains sont très surpris de me voir reprendre les cours. Je ne redouble pas, même si j'ai raté trois mois d'école, ce n'est pas dramatique.

On est plutôt content de se retrouver. Et puis il y a les filles…

L'adolescence des hypersensibles

Le passage de l'enfance à l'adolescence est une période complexe, mais plus difficile encore lorsqu'on est hypersensible, car on se sent souvent agressé par... presque tout. L'adolescence est la période de développement qui se situe entre l'enfance et l'âge adulte, entre dix et dix-neuf ans.

Les adolescents hypersensibles essayent pour la plupart de vivre le plus normalement possible, sans se plaindre et sans rien dire. Parce qu'ils n'ont pas forcément connaissance ou conscience à cet âge de leur nature singulière, et parce qu'ils pensent que ce qu'ils vivent est normal. Ils ne vont généralement pas oser dire quoi que ce soit pour ne pas déranger ou pour ne pas blesser. Mais ils se rendent compte, souvent a posteriori, de nombreuses années après, qu'ils s'en sont pris plein la figure. *Comme si j'étais régulièrement mis dans une machine à laver, programme essorage (1 100 tours)*, nous dit Maurice. Seulement, l'hypersensibilité n'étant pas une fragilité mais une force, les hypersensibles s'en sortent souvent sans rien laisser paraître.

L'hyper(sens)ibilité est une sensibilité élevée des sens. Les capteurs des sens d'un hypersensible captent plus d'informations que chez ceux qui ne le sont pas. Par conséquent, il perçoit tout de manière beaucoup plus intense que la majorité de la population. Cela veut dire qu'il voit des choses que les autres ne voient pas, qu'il entend des choses que les autres n'entendent pas, qu'il sent des choses que les autres ne sentent pas. Ce « plus » peut être autant en termes de quantité qu'en termes de qualité : il voit plus de choses ou plus de détails, il entend plus fort ou plus finement les bruits – ce qui peut aboutir à une misophonie dans certains cas.

Il capte plus d'informations et cogite plus pour tenter de trouver un ordre ou un sens aux choses ou aux événements. Seulement, l'enfant hypersensible est rapidement submergé et saturé par toutes ces informations dont il ne sait que faire. Lorsqu'il n'est pas accompagné ni protégé par un adulte familier et rassurant et par un environnement sécurisant, toutes ces informations provoquent des peurs irrationnelles qui peuvent rapidement se transformer en angoisses. Au fur et à mesure, ces angoisses répétées peuvent ainsi provoquer des comportements compulsifs répétitifs ou des rituels aussi appelés *tocs* dans le but de trouver une forme de sécurité.

L'adolescent hypersensible a donc besoin de trouver une réponse à son sentiment de décalage, et pour cela, de connaître et de comprendre l'hypersensibilité. Il a également besoin que son environnement et les adultes proches en tiennent compte. Il importe qu'il se sente rassuré et en sécurité matérielle et physique.

– 10 –

L'âge d'homme avec un mégaphone

Nous sommes en 1986, je suis en classe de première. Dans quelques mois, j'aurai dix-sept ans. L'âge d'homme ?

À partir de là, je prends les devants. J'annonce à mes parents que maintenant on va arrêter les expérimentations sur moi. Je ne veux plus être un cobaye, en fait. Mes parents, en particulier mon père, sont des intellos idéalistes, vous l'avez saisi. Ils essayent de mettre en pratique leurs utopies humanistes et communautaires. Mon père vit son existence comme une expérience quasi scientifique ! Le problème, c'est que ses enfants font partie du protocole. Cobayes, donc. Mais aussi, par moments, ils sont ses bagages. Des valises un peu encombrantes. Alors il les pose quelque part, dans une consigne pour enfants encombrants, et il va vivre sa vie. Père relativement absent, assez peu affectueux, il n'est pas d'une grande disponibilité. Pourtant, quelquefois, il écoute. Aussi, quand je décide d'emménager dans un studio qu'il possède à Montmartre, il m'entend ! Il me comprend ?

Je dois bien l'avouer, je ne leur demande pas leur avis. En revanche, je m'engage à suivre régulièrement mes cours au lycée situé juste à côté. On passe une sorte de contrat quasi tacite : OK, je passe mon bac, mais je n'habite plus ni chez papa ni chez maman. Ainsi, de la première à la terminale, je vis rue André-Barsacq, à Montmartre.

Quelle aubaine, pour la bande des neuf potes ! Pour autant, je ne fume pas, je ne bois pas, je ne prends pas de drogue. Pas besoin de stupéfiants, mon cerveau fait amplement le travail puisqu'il est toujours en ébullition, sauf entre 23 heures et 6 h 30 du matin, où il se repose parce que je dors, m'appliquant à oublier tout, jusqu'à mes rêves. En tout cas, ce studio est pour moi synonyme d'indépendance. Je me sentirais presque pousser des ailes. Voilà comment l'hypersensible s'émancipe de ses parents, à seize ans et des poussières. Un révolutionnaire, quoi.

Un révolutionnaire dans une année bordélique : 1986, c'est aussi les manifestations étudiantes à Paris. Le ministre Devaquet a un projet de loi pour réformer les universités, sous le gouvernement Chirac. Contre toute attente, je suis un des leaders dans les manifestations. Les hypersensibles sont bourrés de paradoxes. C'est-à-dire que le problème de confiance en soi et de légitimité, même dominant, n'empêche pas de se retrouver avec un mégaphone dans des manifestations. L'extraverti en moi prend le dessus sur l'introverti, et s'exprime. Il fait rire les copains, les manifestants, alors que rien ne le prédispose à devenir leader.

Cinq cent mille personnes défilent derrière avec des pancartes. J'aurai donc vécu, la même année, une révolution en Haïti, une… révolution… rue André-Barsacq, et de grosses protestations étudiantes. Beaucoup d'événements pour mon cerveau parabolique, mais c'est grisant, d'autant qu'un parcours personnel commence à se dessiner : je deviens leader lycéen… Moi, je n'étais pas du tout politisé à l'époque. Je n'avais aucun avis sur le projet de loi Devaquet, pour lequel on m'a briefé peut-être un quart d'heure avant la première grève. Mais tout à coup, je jouais un rôle, l'extraverti prenait les commandes. Cette dualité chez moi entre introversion et extraversion est constante.

Merci, mégaphone, tu m'as aidé à prendre conscience, de façon très intuitive et très sonore, que j'avais quelque chose à faire dans le métier de la communication. L'intuition est une autre caractéristique de l'hypersensible. À l'époque, je l'ignore, alors je ne m'écoute pas. Je ne sais pas tirer parti de ma différence. Pour autant, une petite voix, tout au fond de moi, me répète sans arrêt que je ne suis pas fait pour un métier classique. Mon milieu familial, si insécurisant soit-il, me pousse vers quelque chose qui ne peut pas être conventionnel. Ce que m'ont fait « endurer » mes parents, finalement, était original et riche, nourrissant pour un hypersensible, même s'il ne le savait pas. Bref, je me rends compte qu'une vie normale risque fort de m'emm…

Alors quoi… acteur ? Je n'y pense pas encore.

Réalisateur ? Encore moins.

Je fais le bilan : pendant toute ta scolarité, tu as été un élève très moyen. Aucune envie, tu ne sais pas ce que tu veux faire de ta vie. Tu as une nature plutôt joueuse, d'accord, grande gueule aussi, une certaine capacité d'imagination, d'adaptation. Mais non, l'idée d'être acteur ne m'effleure pas. Je ne fais pas partie de ces personnes qui ont toujours voulu devenir comédien, acteur ou préfet. Même en me rasant les jambes le matin – je fais du vélo elliptique –, je n'y pense pas. Au contraire, vu de ma fenêtre, le monde des arts me ferait plutôt fuir. Avec l'exemple de ma mère, devenue conteuse à mes douze ans, surtout pas ! Acteur ? Mais ça doit être un stress énorme ! Se retrouver sur une scène, très peu pour moi. De plus, mes parents m'amènent régulièrement à la Cartoucherie voir des spectacles très… enfin, Mnouchkine, tout ça, c'est sûrement magnifique, mais ces pièces durent des journées entières. Le théâtre n'est pas ma tasse de thé, c'est une punition. En revanche, le cinéma… un rêve, peut-être, mais inaccessible. Je n'ai pas la moindre idée de comment on entre dans ce monde-là. Alors, presque aussi sage qu'une image, et en toute médiocrité, je passe le bac avec quarante-neuf points de retard. Ouf, je l'ai au rattrapage !

– 11 –

Comment je me suis autosaboté (mes envies)

Après le bac, aucune idée de ce que je veux faire : dans ce cas, on s'inscrit en fac d'histoire, tout au moins en ce qui me concerne. Pourtant, ma tante maternelle, qui a déjà reniflé le comédien en moi, me dit : *Mais enfin, va dans un cours de théâtre ! Depuis gamin, tu es fait pour ça ! Vas-y, Pipou !*

Pipou, c'est moi. Dans la famille, on est très fort pour les petits noms.

Entre-temps, mes frère et sœur, Félix et Élise, sont nés. Encore tout petits (crus 1985 et 1987), ils habitent dans le moulin où papa et sa femme ont emménagé. Les ayant eus plus tard, il est plus présent avec eux qu'avec nous. Tant mieux, ils connaîtront une vie familiale plus stable. Élise met aujourd'hui sa sur-empathie au service d'autrui, elle est institutrice. On n'est pas loin du syndrome de l'infirmier : je m'occupe des enfants, je suis une mère pour les enfants… Félix, dont le cerveau s'échauffait à échafauder des plans, est devenu ingénieur.

Et moi, je suis sur le point de devenir comédien. Traînant les pieds, je vais au cours de théâtre. Ensuite, ça se passe à peu près comme pour Jeanne d'Arc ou Thérèse de Lisieux : une révélation, c'est comme si j'entendais des voix. Oui, Seigneur, c'est bien ça que je veux faire. Évidemment ! J'ai dix-huit ou dix-neuf ans, ma voie se présente à moi. Problème, l'hypersensible a tendance à rejeter ce qui l'attire. Toujours le manque de confiance en soi, on se dit qu'on ne va jamais y arriver, alors on repousse ses désirs et ils deviennent hors de portée. Tu ne laisses même pas monter l'envie, tu la mets tout de suite sous le tapis, parce que s'il y a envie, il y a aussi une possibilité de déception.

Prenez quelque chose d'aussi bête que les passages couverts à Paris. Très longtemps, quand j'arrivais devant ces passages, que je trouvais magnifiques, je n'y entrais pas. Je savais qu'ils me séduiraient et que, séduit, je voudrais y vivre. Mais personne ne vit dans les passages couverts ! Donc j'allais être frustré, donc je serais malheureux, donc inutile de traverser un passage couvert. Jusqu'au jour où… Après m'être séparé de la maman de ma fille, en 2012, je dois prendre un appartement d'urgence, de préférence meublé. Une agence me fait visiter un bijou passage Choiseul. C'est un passage couvert, symbole parlant pour moi : à couvert, je suis en sécurité. Quant au passage, c'est la transition dans laquelle je me trouve. J'arrive. D'emblée, je m'écrie : *Waouh ! C'est exactement là que je voulais vivre !* Et aussitôt, je réalise ce rêve que je ne m'étais jamais autorisé auparavant, parce que je sabotais mes envies.

L'hypersensible est un hypersaboteur.

Prenez l'envie d'être acteur. Elle habite dans mes tripes. Depuis toujours, je crois. Tout comme celle de fabriquer des films. Mais c'est encore tout au fond de moi. Pour en prendre conscience, il faudrait que je fasse de la spéléologie à l'intérieur de moi. Et je ferais cette découverte : le métier d'acteur est tout à fait cohérent avec ce que tu as vécu, il correspond exactement à la personne que tu es devenu ! En effet, pas d'horaires réguliers, pas de boss au-dessus de moi pour m'imposer des règles, liberté. Bonus, je suis doté d'une discipline naturelle et d'un solide instinct de survie. Ces qualités premium, je les ai patiemment acquises durant mes longues années de non-éducation. Rappelons-nous l'enfant en autogestion que j'étais. Merci papa, merci maman, je suis prêt à devenir acteur ! Et plus si affinités. Alors qu'est-ce que je vais faire ? Je vous le donne en mille : je vais m'autosaboter. Mais n'anticipons pas (même si l'anticipation est l'une des caractéristiques de l'hypersensible, qui vit de préférence dans le passé ou dans le futur, mais plus difficilement dans le présent…). Je ne passe pas encore les auditions pour le conservatoire.

Je prends mes premiers cours de théâtre et mes derniers cours d'histoire : adieu, la fac de Nanterre ! À jamais ! À vrai dire, je n'y avais pas vraiment mis les pieds. J'en avais un petit peu l'intention. Mais là, terminé, je ne veux plus entendre parler de l'université, je tombe amoureux du théâtre. C'est décidé, je vais laisser ma passion me dévorer, je vais devenir comédien. Jamais je n'ai pris une décision aussi ferme de ma vie, du moins à cette époque.

A posteriori, je me rends compte que la fac d'histoire faisait partie de ma grande entreprise d'autosabotage.

C'était comme un mariage de raison, qui m'avait été prescrit par mon père, grand théoricien du n'importe nawak. Il m'avait dit : *Écoute, tu n'as jamais rien foutu à l'école, donc on ne va pas imaginer que tu vas rentrer à Sciences Po comme ça... donc tu n'as qu'à rentrer en fac, et puis, par équivalence, tu pourras rentrer à Sciences Po.*

Mon père était obsédé par l'idée que je fasse une grande école. *Et puis après, tu feras l'ENA !*

Ben voyons. Et puis après, je serais devenu attaché culturel, ministre de l'Éducation nationale ou préfet. Mon père n'avait pas bien compris qui j'étais, et moi je me laissais faire, plus ou moins : *Ouais... pas mal, l'ENA... Pourquoi pas ?*

L'histoire étant la seule discipline qui m'intéressait, et au début, ne débordant pas d'autres envies flagrantes, j'écoute le délire de mon père. Je l'ingère même si j'ai du mal à le digérer. Il faut quand même lui reconnaître un vrai talent de persuasion : mon père est très doué quand il s'agit de convaincre les gens qui n'ont pas d'idées personnelles. Sa méthode ? Une feuille, un crayon à papier, et là, il te fait des schémas en direct. Il écrit très mal, comme un médecin, ses pattes de fourmi sont illisibles, excepté pour les hyménoptères. Parce que c'est très intelligent... et tout à fait pertinent. OK, donc là équivalence, boom, tourner à droite, prendre à gauche, se rabattre sur la présélection du milieu, hop, tu rentres à Sciences Po. Évidemment, c'est fastoche. La théorie de mon cher père est des plus simples : en gros, si tu sors de l'ENA ou de Sciences Po, tu peux faire un peu ce que tu veux de ta vie. Menuisier, par exemple.

Heureusement que ma tante m'a ouvert les yeux !

Quoique saltimbanque elle-même, ma mère ne partage pas l'enthousiasme de sa jeune belle-sœur. L'idée que je fasse du théâtre la fait flipper. À mort. Conteuse, ma mère prolongeait la tradition orale haïtienne, mais, comme elle avait la tête bien faite (merci Sciences Po !), elle considérait le théâtre comme un métier trop aléatoire. Pas un vrai métier, quoi. Mais puisqu'elle était soixante-huitarde, elle ne pouvait pas me le dire de cette façon. Et m'ayant donné mon indépendance à l'âge de sept ans, elle ne pouvait pas s'ingérer dans ma vie ! Obligée de laisser faire. Tu fais un choix, tu vas au bout de ce choix. OK, je vais au bout du théâtre. Malgré leur inquiétude, je dois dire que mes parents m'ont soutenu, à leur manière.

Ma mère avait une façon extraordinaire de me soutenir : elle me proposait constamment des brochures pour faire un autre métier.

— Ah ! C'est super que tu aies choisi ce métier de comédien ! Je suis tellement fière que mon fils suive ma trace ! Simplement... je suis tombée sur une formation de réparateur électronique qui a l'air passionnante.

— Merci maman, mais ça ne m'intéresse pas ! Pourquoi tu me proposes ça ?

— Je ne sais pas. Pour avoir plusieurs cordes à ton arc ?

— En fait, tu n'as pas confiance en moi, maman. Tu penses que je vais échouer en tant qu'acteur, c'est ça ?

— Pas du tout, pas du tout, pas du tout ! J'ai parfaitement... entièrement... totalement confiance en ton avenir. Bien entendu, tu vas y arriver ! Simplement... étudie cette option de formation en électronique. Elle a l'air passionnante.

Je m'entête à vouloir faire du théâtre.

– 12 –

Mon faux self

À partir de ce moment-là, la vie paraît plus simple, j'ai un but. En bon hypersensible, une fois que je me suis fixé un objectif, je m'en donne les moyens, je m'y dédie totalement, je m'immerge dans ce nouveau monde.

Dans un premier temps, je suis les cours du théâtre de l'Épée de bois, à la Cartoucherie. Ils sont donnés par un puriste, Michel Mourterot. Un passionné. Avec lui, on a célébré le bicentenaire de la Révolution française sur les places de marché du sud de la France. On joue dehors, théâtre de rue, j'engrange une petite expérience professionnelle.

Ensuite, je rentre au Cours Florent, où je me frotte à l'ambiance des gros cours parisiens. C'est un tournant, il va me falloir choisir entre le conservatoire et les grandes écoles type rue Blanche. C'est à cette époque-là que je rencontre les Robins des Bois qui sont des copains de classe, et Isabelle Nanty (ma marraine de cœur), qui est prof à Florent. Elle a quelques années de plus que nous et c'est elle qui nous réunira et nous poussera vers nos univers. Voilà des personnes qui m'aideront à avoir confiance en moi.

Mais d'abord, il faut bien que je m'autosabote un petit peu. Donc, le conservatoire. Retour du doute. Je passe le concours, et là… Je suis comme face aux buts chez les poussins de Verberie, un trac de dingue. Tout à coup, je suis persuadé d'être nul. En trois secondes, je me transforme en une flaque d'eau. Une flaque d'eau qui a sa dignité, quand même. Devant le jury, je me dis : *Mais qui sont-ils pour me juger ?* Il faut bien que je me le dise pour remonter un peu ma jauge d'estime de moi. Mais le résultat n'est pas au rendez-vous. Mon amour-propre est si déplorable que je plante systématiquement tous mes concours d'entrée dans des écoles de théâtre : la rue Blanche, autosaboté, Strasbourg, autosaboté, Paris, autosaboté…

C'est d'autant plus absurde que je travaille mes auditions à mort. Pour le conservatoire, j'ai travaillé six mois une scène de Scapin, avec un professeur issu de la Comédie-Française. Raymond Acquaviva était le meilleur pour préparer le conservatoire. Je m'étais donné les moyens de réussir : un emploi évident de trublion, une scène qui me correspond. Mais le jour de l'examen… dissociation. Je ne suis plus moi. Le stress, l'angoisse, le manque de confiance me coupent en deux personnes distinctes, un moi qui est sur scène, et un autre moi qui observe le premier. Ça ne peut pas marcher. On ne convainc pas un jury si on est deux sur scène : le faux self et moi. Le faux self, ce caméléon sans aspérités, fait barrage : il évite à celui qui est le plus sensible de s'en prendre plein la tête et de souffrir. Alors sur scène, il y en a un qui est beaucoup trop propre, qui sent trop le savon, lisse… Et l'autre qui est absent. La dissociation est un phénomène intéressant chez les hypersensibles… On en reparle plus tard, si vous voulez bien. Pour le moment, je m'autosabote, en me barrant de moi-même. Impossible de lâcher prise. To-tal con-trôle. Pas moyen d'entrer dans le plaisir. Le plaisir, c'est la clé, mais il n'est pas encore à ma portée. Le présent aussi, j'ai du mal à m'y incarner, parce que je suis dans l'anticipation du moment d'après.

Voilà ce que c'est que d'être hypersensible…

L'anticipation

L'anticipation, pour les personnes hypersensibles, est une stratégie très courante. C'est une manière d'échafauder des plans ou d'élaborer tout un tas d'hypothèses avant de se lancer dans un projet ou dans une relation. Le but est généralement de se protéger, ou d'être en capacité de se retourner si cela ne se passe pas comme prévu ; mais cela résulte surtout de la pensée en arborescence qui foisonne en permanence et ne peut s'empêcher de cogiter. Seulement, à trop réfléchir et trop anticiper, les événements peuvent devenir anxiogènes. C'est important de prévoir des plans B et C parfois, mais vivre l'instant présent est une garantie de ressentir la paix à l'intérieur de soi.

Côté Robins des Bois, je m'éclate. Avant que les choses ne démarrent fort pour notre belle équipe, on fait des spectacles au Off d'Avignon, on se débrouille pour jouer à Paris, et petit à petit la passion de ce boulot se substitue au manque de confiance en moi. Je la ressens beaucoup moins, car nous portons collectivement la motivation de fabriquer nos spectacles. La confiance en soi, ça va, ça vient… Elle peut disparaître et réapparaître.

Ma confiance s'étoffe à partir du moment où les Robins des Bois commencent à marcher. L'ego est enfin nourri. Petit à petit, on se dit : *Bon, ça va, j'ai trouvé ma place.* Les Robins sont des hypersensibles purs. Pas un qui ne le soit pas. Comme dans toutes les bandes d'hypersensibles, pas de chef. Notre fonctionnement est collégial. Je tiens plutôt la place du diplomate, comme j'endosse celle du modérateur avec les Kidnapper's. Pas d'engueulades ou de guerres de territoire.

Ma mère, qui était si inquiète de mon choix artistique, prend un abonnement à Canalsat pour suivre nos sketches. Elle le voit : concrètement, la mayonnaise commence à prendre. Ce qui ne l'empêche pas de m'envoyer des brochures de stage pour faire autre chose. Sait-on jamais !

À cette époque, elle avait besoin de témoigner de son affection pour moi. J'allais la voir en coulisses, à la fin de ses spectacles. En présence de ses amis, j'avais droit à un feu d'artifice : *Mais c'est mon fils ! Il passe à la télévision ! Les Robins des Bois, vous ne connaissez pas ?* Elle était capable de me prendre sur ses genoux, malgré mes trente-cinq ans. Théâtralité de l'affection, oui, mais elle était sincère ! Sa pudeur d'hypersensible lui interdisait la sobriété. Ma mère cachait son problème de légitimité sous une carapace. Son faux self exprimait l'inverse de sa pudeur : exubérance, démonstration, extravagance. Alors qu'au fond d'elle-même elle était capable de se remettre en question profondément, toute seule dans son coin. Mais son expression devait passer par du spectaculaire. En face à face, à l'instar de mon père, elle était moins à l'aise.

Quand mes sœurs et moi venions dîner chez elle, elle s'angoissait à l'idée de se mettre à table. Elle restait debout, ou se relevait dès qu'on était assis, pour se lancer dans plusieurs activités : préparer la suite du repas, débarrasser la table, répondre au téléphone. La tête et les jambes en cavale. Mes sœurs et moi étions épatés : on vient la voir, mais on ne passe pas cinq minutes en sa présence parce qu'elle s'échappe dans son hyperactivité. Quelque chose l'oppressait. Peut-être le présent. L'instant présent. L'intimité. Beaucoup de mal à parler d'elle-même, se dévoiler. Alors elle parlait de choses et d'autres, très fort, à grand renfort de gestes. L'hyperactivité est un masque de la pudeur et de l'hypersensibilité.

Puisqu'il était impossible d'établir un lien, même en allant dîner chez elle, dans les six derniers mois de sa vie, j'ai trouvé un stratagème : je l'ai emmenée au restaurant. Là, pas moyen de s'enfuir sous prétexte de débarrasser, de préparer la suite du repas ou même de répondre au téléphone ! Finalement, elle aimait bien ça ! Même si elle était toujours inquiète de mon avenir. Ce qui ne facilitait pas… ma confiance en moi.

– 13 –

Un petit ver de terre au milieu du désert

Je vous l'avais promis, parlons dissociation.

La dissociation me rappelle l'ami imaginaire. Dans son enfance, ma mère en a eu un, très longtemps, avec qui elle parlait beaucoup. Pour ma part, je n'ai jamais perçu mon double comme un ami imaginaire. Simplement, je suis doté d'un troisième œil qui fait aussi office de caméra. M'observant depuis l'extérieur, il a pour habitude de me juger… alors je m'échappe de mon corps, tant je me trouve mauvais, et il me remplace.

Ce dédoublement est particulièrement flagrant aux moments des deuils. La mort a d'ailleurs longtemps fait partie de ce que je fuyais le plus. La mort, j'en ai eu conscience beaucoup trop, assez tôt. Mon premier souvenir de cette surconscience de la mort remonte à mes quatre ans. Je suis au Maroc, à l'époque où mes parents sont en poste à Rabat. C'est un anniversaire, je suis habillé en cow-boy, mais je ne m'amuse pas, je ne profite pas de la fête parce que je suis terriblement triste. Je suis tombé sur les photos de cette fête un jour, j'en ai eu un choc. On y voit les prémices du gamin compliqué. À quatre ans, il a déjà peur de mourir, et il sent qu'il ne supportera pas bien la disparition de ceux qu'il aime.

J'y suis confronté une première fois à dix-huit ans. Mon cousin germain est quasiment mon frère : j'ai été élevé avec lui, nous sommes très proches et partons tout le temps en vacances ensemble. Il a trois ans de plus que moi, ce qui lui fait vingt et un ans. Un peu jeune pour mourir. Pourtant, il a un problème au cœur, cette malformation congénitale qui traîne dans ma famille maternelle. Brusquement, il meurt d'une crise d'asthme qui entraîne une défaillance cardiaque. À l'enterrement, je ne ressentirai rien, aucune tristesse. Juste un état de choc.

J'accompagne ma mère et le père de mon cousin à la chambre mortuaire, je vois mon cousin étendu, sans vie. Choc. Ensuite je le vois sortir de la chambre mortuaire. À ce moment, deux personnes sont en moi, et en même temps j'ai le sentiment de ne pas être là. L'un des deux moi, le faux self, je pense, me sert à tenir, à ne pas m'effondrer. Parce que j'ai cette responsabilité, inculquée très tôt : être le gars qui ne foire pas. Sois fort. Donc je suis là, je tiens la barre. Mais je ne sais pas pourquoi, je n'ai pas d'émotions. Pourquoi je ne pleure pas comme tous les gens autour de moi ? J'en culpabilise énormément : où est-ce que tu es, toi ? La réponse est aussi simple qu'effrayante : je suis à distance. À une très grande distance de moi-même. Le deuxième moi, l'hypersensible qui a besoin de protection s'est échappé de mon corps comme il le fait toujours en cas de danger. Bien à l'abri à l'extérieur, il devient ce troisième œil qui observe presque froidement la situation.

Par la suite, d'autres décès ont endeuillé ma famille : celui de mon neveu, qui s'est accidentellement noyé quand il avait un an et demi. Ce jour-là, je suis au festival Off d'Avignon, la chaleur est accablante, on tracte pour le spectacle que nous jouons deux fois par jour. Je suis déjà très fatigué, et dans un état de tension extrême, quand je découvre un message de ma sœur Coralie sur le répondeur. *Viens, quelque chose s'est passé, quelque chose de grave.* Je traverse toute la ville en courant, j'arrive sur les genoux, ma sœur m'annonce la mort de Robinson. Mon petit-neveu était venu me voir avec ses parents et sa baby-sitter une semaine plus tôt en Avignon. J'avais joué avec lui. Alors tout mon corps se tend, comme un bout de bois. Les pompiers débarquent et doivent me faire une piqûre de Valium. Tétanie. Le choc a été si brutal et si soudain que cette fois-ci, je n'ai pas eu le temps de convoquer mon double, de me dissocier. Pas moyen de sortir de soi pour devenir son troisième œil quand on fait une crise de tétanie. Sans cette protection, je suis percuté de plein fouet. C'est aussi le problème des hypersensibles : durant toute leur vie, ils se créent une armure pour ne pas souffrir.

J'ai fait tout un travail de déprogrammation plus tard, chez un hypnothérapeute. L'objectif : casser cette armure, non pas pour se retrouver sans filet, mais pour créer un système de protection adéquat à son âge, plutôt que le bouclier qu'on se construit à quatre ou sept ans. Jeter son armure d'enfant à la poubelle et la remplacer par une cotte de mailles taille 40 !

Ce n'est pas simple, car l'hypersensible que je suis est confronté à une forme de gouffre ; le risque, s'il ne se protège pas, c'est de se perdre dans le chagrin, la souffrance, l'angoisse. Sa conscience de la mort, précoce, est métaphysique : l'infini vide, le néant, appelez ça comme vous voulez, provoque chez lui une grande anxiété.

Mon cheminement vers l'hypersensibilité s'est accompagné d'une forme de spiritualité. En m'ouvrant à moi-même, pour aller à la rencontre de mon hypersensibilité, je me suis ouvert à l'ailleurs. Sans partir dans des théories trop perchées, je me suis construit une idée de la mort qui m'apaise. Elle n'est pas très loin de la pensée bouddhiste, et d'une théorie de la réincarnation qui me va tout à fait. Attention, je ne fais pas de prosélytisme ! Ma théorie me permet, quand je suis frappé par un deuil, de l'appréhender différemment. Fini, la trouille absolue. Aujourd'hui, la mort me paraît toujours l'expérience d'un manque et d'un chagrin, mais je la crois aussi une expérience pour celui qui part. Mort ne veut plus dire fin. Je ne pense pas en être arrivé à cette réflexion par hasard. Elle a mûri peu à peu, je peux même remonter à mes quatorze ans.

Nous sommes en 1984, et je traverse le désert du Hoggar, en Algérie, avec des amis habitués aux treks, Nanou et Hervé. Je vous en ai déjà parlé, il s'agit des deux héros qui se sont occupés de moi quand mes parents ont quitté la maison. Je profite de ce livre pour leur dire merci d'avoir toujours été là. Bref… Les vacances de Noël sont bien entamées, je me suis débrouillé pour gagner un petit pécule et payer ce voyage. Comment ? Je faisais des gardes d'enfants. J'étais aussi homme de ménage chez un producteur. Mais il me manquait quand même cinq cents francs de l'époque pour clore mon budget, qui était de huit cents.

Pas cher, on m'avait fait une fleur. Pour le reste, coup de bol extraordinaire : dans le bateau qui m'amène de Marseille à Alger, je tombe sur une petite liasse de billets qui traîne sur le pont. Je n'allais pas ameuter tout le bateau, sinon j'aurais eu cinq cents bonshommes qui m'auraient réclamé cet argent. Donc... je l'ai gardé. Ma bonne étoile !

Deux Land Rover pour aller d'Alger à Tamanrasset... La première nuit, je dors parmi mes compères dans le désert, et soudain je me réveille, j'ouvre les yeux et me retrouve face à cette voûte étoilée hallucinante, vertigineuse, dans un ciel totalement pur. Angoisse phénoménale : je suis face à l'infini. C'est l'hiver dans le désert, moins 5 °C la nuit, on dort emmitouflés dans des sacs de couchage, je suis emmailloté dans mon petit sarcophage, cette voûte m'oppresse, je ne sais plus où je suis. J'ai l'impression d'avoir basculé dans le vide. C'est alors que j'essaye de me relever. Et que je coince le petit nœud qui me permet d'ouvrir ma capuche, dans la fermeture Éclair. À partir de ce moment-là, je ne peux plus sortir de mon sac de couchage. Me voilà tel un petit asticot prisonnier au milieu du désert, qui se bat pour pouvoir respirer. Ce ver de terre en panique a beaucoup fait rire les personnes qui sont venues le libérer. Étrangement, c'est à ce moment, je crois, que j'ai commencé à me dire qu'il y avait un ailleurs. Forcément.

Plus tard, à l'époque où je perds mon cousin, je lis *La Source noire*, de Patrice Van Eersel. Ce livre propose la synthèse de toutes les recherches sur les retours de coma, et sur les expériences de mort imminente, les *NDE* – en français, EMI. On y parle d'Elisabeth Kübler-Ross, de Raymond Moody, etc. J'adore. Les récits des personnes revenues après des expériences proches de la mort me parlent. Et me rassurent. Sur la mort de mes parents, par exemple. Je me dis : *Oui, bien sûr, évidemment que c'est ça.* D'imaginer que l'esprit part en voyage quand on meurt, cette idée d'un autre cycle me fait du bien. Elle m'aide à ne plus avoir peur de la mort. Elle m'aide à faire le deuil de mon cousin. Mais elle n'empêchera pas le choc du décès de mon neveu, c'est vrai. Entre-temps, j'oublie ces lectures. Je m'y replonge il y a cinq ans, dans la période où j'apprends que je suis hypersensible. Il faut parfois une demi-vie pour revenir à des fondamentaux qu'on a écartés des années plus tôt (soyons cartésiens). À quatre ans, vous avez cette surconscience de l'absolu et de l'infini, elle vous donne le vertige, vous la perdez, et elle vous rattrape. Alors dissociation.

Ce Maurice de façade est apparu très tôt dans ma vie. Sans doute à l'époque de la photographie de Rabat. Je cohabite avec mon double de secours jusqu'à aujourd'hui. Mais depuis cinq ans je fais un travail pour mieux correspondre à moi-même. Qu'il n'y ait plus cette distance entre lui et moi.

En fait oui, l'angoisse de la mort est peut-être fondatrice de l'hypersensibilité.

Mais je suis heureux de pouvoir dire que mes phobies ont pour la plupart disparu. Aujourd'hui, je ne suis plus phobique de grand-chose. D'accord, je n'aime pas les rats. Mais je ne vais pas grimper au plafond si j'en vois passer un. Je me suis débarrassé de pas mal de peurs et je gère presque tous mes tocs. Ce sera le résultat du travail sur soi.

Angoisse et conscience de la mort très aiguë

L'angoisse est un peu l'envers de la médaille d'une maturité précoce. Il est difficile d'avoir une conscience accrue du danger et de la mort sans en ressentir une peur immense. Cette disposition, ces questionnements et ces angoisses se retrouvent très tôt chez ces enfants. Certains se demandent s'ils vont se réveiller le lendemain matin, s'ils ne vont pas se faire attaquer durant la nuit ou si leurs parents vont mourir. Ils ont une peur considérable à la fois pour eux-mêmes, mais aussi pour leurs proches, parents, frères, sœurs, ou grands-parents.

Face à cela, des enfants seront amenés à mettre en place tout un tas de stratégies d'évitement ou des tocs pour se sentir en sécurité. Ils vont par exemple créer des rituels ou des routines très précis et parfois très longs pour le coucher.

Il est important de les rassurer, mais sans entrer dans des discussions interminables qui pourraient augmenter leur angoisse.

– 14 –

Papa, mode d'emploi

Comment devenir papa quand son propre père est un mystère ?

L'engagement de mon père dans la guerre d'Algérie reste une énigme. Tous ses copains de promo se sont arrangés pour se faire réformer, mais lui, il est parti.

Je n'ai jamais connu ses motivations. Comme la plupart des anciens d'Algérie, il est revenu de cette guerre traumatisé, du moins je le pense. Et comme de nombreux traumatisés, il n'en a jamais parlé. Seules les nombreuses médailles qu'il y a reçues, et la pile de *Paris Match* qu'il conservait sur le sujet, témoignent de l'impact de cette guerre sur son existence. Je ne pense pas qu'il ait tué des gens, je ne peux pas l'imaginer. Mais je suis convaincu qu'il a vécu des choses traumatisantes.

Ma théorie est simple : idéaliste, mon père voulait donner un sens à sa vie. Sciences Po, c'était très bien, la diplomatie aussi, mais mon père avait besoin de concret, raison pour laquelle il est passé de la diplomatie à l'artisanat en devenant menuisier. Et la guerre d'Algérie dans tout ça ? Je ne sais vraiment pas ce qu'elle vient faire là. Je pense qu'il a payé cher son engagement dans ce conflit. Car malgré son environnement familial très traditionnel, droite catholique, mon père était plutôt un homme de gauche. Logiquement, il devait souhaiter que l'Algérie devienne indépendante. Il est vrai que j'ignore à quel moment il est devenu un homme de gauche. Cette guerre coloniale a peut-être été un déclic. Possiblement, il a commencé par se dire qu'il allait défendre les territoires français… avant de se rendre compte que tout cela était une vaste supercherie. Et puis je suis né bien après, sept ans après la fin de cette guerre. À l'époque, cette période troublée de la vie de mon père était peut-être déjà une zone d'ombre. Elles sont légion, dans sa vie.

Je me suis posé des questions il y a quelques années. Je suis allé aux archives du Quai d'Orsay pour consulter le dossier de mon père. Pourquoi avait-il quitté la diplomatie pour devenir menuisier ? Le retour à la terre était très en vogue dans les années soixante-dix. Beaucoup de personnes se sont installées dans le Larzac… mais mon père avait un profil particulier : diplomate, attaché culturel dans des pays en ébullition, comme la Colombie où est née ma sœur Élodie, ou la Bolivie où je suis né. Mon père a été mêlé à l'affaire Régis Debray qui, parti soutenir Che Guevara, avait fini en prison. Mon père, correspondant français, lui apportait de la lecture et l'a accompagné dans cette période. Ils sont devenus amis par la suite. Bref, l'Amérique du Sud des années soixante-dix était un enjeu stratégique important. Malgré le côté rêveur et idéaliste de mon père, des zones d'ombre planent sur ses activités de diplomate. Je ne sais pas. Je n'ai pas de réponses, je n'ai pas cherché plus loin.

Donc un père assez absent, pas très affectueux, quoiqu'à l'écoute. Et moi ? Quel père je vais faire ? Gros point d'interrogation. Juste avant de le devenir moi-même, je réalise *Papa*, un film que j'ai écrit à la suite de la noyade accidentelle de mon petit neveu. J'avais beaucoup d'affection pour Robinson. Il est le fils aîné de ma sœur Clémentine, et a disparu dans une rivière à un an et demi, dans la propriété de mon père en Picardie, parce qu'il a échappé à la vigilance des adultes. Trauma majeur dans l'histoire de ma famille. Il y a un avant et un après.

Quelques mois plus tard, ma sœur me raconte une anecdote terrible. En compagnie de son deuxième fils, elle se rend chez des cousins et, lors du dîner, on lui demande de ne pas évoquer l'accident, pour ne pas traumatiser les enfants de la cousine. La violence de ce silence imposé m'a sidéré : injustice absolue. Voilà des gens catholiques, censés être ouverts d'esprit et tolérants, qui se révèlent d'un égoïsme et d'une étroitesse d'esprit absolus. Colère noire. Ma colère s'exprime dans l'écriture de *Papa*. Mais plutôt que de raconter l'histoire d'une mère et de son fils, je raconte celle d'un père et de son fils. Cette transposition me permet de donner ma vision de la paternité sans être père.

Le scénario se construit, je commence la réalisation, et par un hasard incroyable, au moment où le film démarre, ma compagne m'annonce sa grossesse. Ma fille naît à la sortie du film : je suis devenu papa en même temps que *Papa* est sorti sur les écrans. Le père que je raconte dans ce film, qui n'est pas encore moi, est un père idéal, celui que j'aimerais être.

J'espère être devenu ce père-là. Le père idéal n'existe pas, mais *Papa* est mon mode d'emploi. J'ai trente-cinq ans quand naît ma fille. Ce qui ne me paraît plus très jeune… Et c'est à partir de ce moment-là que je prends conscience des défaillances de mes parents. Même si elles m'ont aussi construit.

Dix ans après, je me sépare de la mère de ma fille. Je me sentirai alors le devoir d'aider cette dernière à gérer son hypersensibilité : relativiser la peur de l'échec, réduire la tendance à s'autosaboter, être tolérant avec soi-même, se pardonner, même quand on ne réussit pas tout.

Quand elle est encore toute petite, lors des spectacles de fin d'année, les parents sont très présents pour soutenir les enfants. J'en fais partie, donner confiance à ses enfants et les encourager est très important, en particulier quand ils sont hypersensibles. Mes parents ayant été relativement distants, je n'ai pas eu la chance d'être valorisé. Pour eux, il ne s'agissait pas d'être fans de leurs enfants, mais de les laisser vivre… livrés à eux-mêmes. Quand je faisais du foot, mes parents n'étaient pas sur le bord du terrain. Dommage. Je m'efforce de corriger le tir avec ma fille. Je suis fier d'elle et ne suis pas avare de compliments, si besoin, et autant que possible, je l'aide à se décomplexer. Sa confiance se construit aussi grâce à ça. À un moment, nous avons fait beaucoup d'accrobranche tous les deux. Son agilité, son aptitude à grimper très haut tout en gérant le vide m'épataient. Sa synchronisation de mouvements et sa prise de risque me bluffaient. Je le lui ai dit, simplement. Encourager un enfant hypersensible à réussir est fondamental. Sinon, il risque de croire qu'il ne vaut pas grand-chose. Parce qu'il est différent. Il se refuse à sortir du lot et donc à réussir.

Des images de parcs d'attractions, aux États-Unis, me reviennent. Les montagnes russes culminent à des altitudes qui n'existent nulle part, même en Russie. Sensation de mort imminente que ma fille adore. Et moi qui me retrouve à cinquante mètres du sol, plongeant dans le vide en me demandant pourquoi j'ai accepté de monter là-dedans…

Si un jour ma fille m'annonce qu'elle veut faire du saut à l'élastique sur trampoline, je n'en serai pas surpris.

– 15 –

Thérapies à base de canapés. Et de gaufrettes…

Je me souviens d'un jour particulier où rien ne va. Ma mère est à l'hôpital, elle a fait son AVC, elle n'est pas au mieux de sa forme. Je vais la voir et, ensuite, j'ai rendez-vous pour l'anniversaire de ma fille. C'est en avril. Tess fête ses huit ans. Je me rends chez la maman de Tess pour fêter son anniversaire, le premier après notre séparation en 2012. En bons parents, on s'efforce de sauver les apparences, on affiche des mines aussi joyeuses que possible pour que l'anniversaire se déroule normalement. Le moment n'en était pas moins bizarre et lourd, c'était palpable. Ce soir-là, Tess a eu un énorme cafard au moment de se coucher. Triste comme une pierre elle était, d'avoir ressenti, en hypersensible, toutes nos tensions. Cet anniversaire n'était pas tout à fait le même que ses précédents, elle s'en était bien rendu compte. Sa mère et moi l'avons consolée une bonne partie de la soirée, et je suis rentré chez moi passage Choiseul vers 21 h 30 ou 22 heures. Journée pourrie, avec le cumul de maman hospitalisée et le cafard de ma fille. Là, je croise des policiers dans le hall de mon immeuble.

— Qu'est-ce qui se passe ? je demande.

— Vous connaissez Mme U. ?

— Oui, très bien, c'est ma voisine du dessous.

Je l'aimais bien. Cette petite bonne femme de quatre-vingt-cinq ans venait de mourir dans son lit. Je ne sais pas si j'ai pensé à ma mère à ce moment-là mais, complètement assommé, je rentre chez moi, je me pose dans mon canapé et je me dis : *Mais enfin... c'est quoi, cette journée de merde ?* C'est juste le 19 avril 2013, avec cette idée qui s'insinue et qui se résume à : *Mais c'est que de la merde, ma vie*. Au fond du gouffre un certain temps, je me crois le type le moins intéressant de France. Et cette impression de repasser dans la lessiveuse, mode essorage de nouveau, mais à 1 800 tours par minute, cette fois.

Bref, après la démolition, envisager la reconstruction : il est temps d'aller voir un psy. Je me jette à l'eau. Premières séances avec cette psychanalyste un peu austère, quoique très belle et élégante, une dame de soixante-dix ans dont la propension à s'endormir pendant les sessions est assez forte...

Ma psychanalyse est tout ce qu'il y a de freudien. En trois mots, ça veut dire à base de canapé. Tu t'allonges, tu te livres, elle s'endort (alors que c'est toi qui es couché), et des fois, tu te dis... quand même... n'y a-t-il pas une exagération à parler tout seul ? Et tu éclates de rire intérieurement. C'est plus fort que toi. La mise à distance, c'est aussi ton métier. Je ne crache pas dans la soupe. La psychanalyse, j'y crois, comme tout travail sur soi, elle est utile. Je pense juste qu'il faut savoir à quel moment l'arrêter. Car le risque… c'est de ne jamais en sortir. À un moment, le patient devrait se rendre compte qu'il est temps de stopper : la psychothérapie ne me semble pas devoir être une béquille à vie. Pour ma part, je consulterai trois ans. Des changements sont apparus très vite. Par exemple, je savais que j'allais faire un *transfert*. Vu de ma fenêtre, un transfert peut prendre la forme d'un sentiment amoureux vis-à-vis de son psy, ou de toutes sortes de liens affectifs, voire fantasmagoriques. Ton psy peut ainsi faire l'objet de rêves la nuit. Quelque chose va donc se passer, et je me demandais en quoi allait consister ce transfert. Eh bien, puisqu'on se dit tout, je vous l'avoue : au bout d'un mois de travail, je me suis mis à mater les vieilles dames dans la rue. Et dans les supermarchés. C'était dingue ! J'essayais de me raisonner : *Mais enfin, Maurice ! Qu'est-ce qui t'arrive !*

Je ne dirais pas que je suis tombé amoureux de ma psy, mais ce fantasme sur les femmes de soixante-dix ans et plus s'est développé. Bizarrement, ma psy n'en était pas elle-même l'objet. Heureusement, ce fantasme m'a passé assez rapidement. Sinon… Dieu sait. En tout cas, je la remercie.

Au bout de trois ans, j'ai estimé devoir arrêter. Un événement m'y a aidé : j'avais prévu de partir aux États-Unis voir ma fille. Entre-temps, un job m'est tombé dessus, je ne suis pas allé aux États-Unis, mais en tournage. C'est à la suite de ce boulot que j'ai interrompu ces séances dont je n'éprouvais plus le besoin. Peut-être parce que trois ans durant, j'avais été très assidu et tout à fait sérieux. Mais à ce stade, j'avais la nette impression d'être arrivé au bout d'un cycle. J'avais réalisé que ma relation avec mes parents pouvait être qualifiée de maltraitance passive. Passive puisque, évidemment, ils ne se rendaient pas compte et pensaient faire au mieux. C'est le risque, avec les nouvelles expériences : on responsabilise sa progéniture pour son bien, et on tombe dans l'outrance dont je vous ai donné un échantillon. Vos enfants sont en manque de repères et de sécurité. Voire en souffrance : vit, digère, oublie. Ils ont dû reproduire, inconsciemment, leur propre insécurité d'enfant. Au sortir de cette analyse, je suis encore en colère : j'ai du chemin à parcourir avant de comprendre que je leur dois aussi le type un peu décalé que je suis devenu. Ce bonhomme avec qui je me suis réconcilié quand j'ai compris que j'étais hypersensible. Détail important, car au début de ma psychanalyse, je ne le sais pas. Je déblaie, c'est comme un gros nettoyage de printemps. J'ai creusé pendant trois ans, travail de fond, mais le désordre est encore trop grand pour que j'y voie tout à fait clair.

D'autres approches, complémentaires, s'imposeront.

– 16 –

Quatre vœux prémonitoires

Avant la mort de ma mère, j'ai formulé quatre vœux : me faire tatouer un *vévé*, symbole vaudou qui me rapprocherait de mes origines haïtiennes, prendre des cours de secourisme, apprendre l'anglais, adopter la nationalité haïtienne.

Je commence par m'inscrire à la Sécurité civile pour passer mon brevet de secourisme, l'espace d'un week-end. Le jour J, j'atterris au beau milieu d'une équipe de bonshommes désignés par leurs entreprises pour suivre une formation de chef de sécurité. Ils s'emmerdaient comme des rats morts, alors que j'étais surmotivé ! Le Maurice était au taquet, tellement content d'être là et de s'initier au secourisme ! Certains stagiaires me reconnaissaient, s'expliquant ma présence par la préparation d'un rôle. Mais non, j'étais juste content d'apprendre comment on fait un garrot, comment on met quelqu'un en position latérale de sécurité, comment se pratiquent le bouche-à-bouche et le massage cardiaque. À quoi reconnaît-on un AVC ? Que faire quand une personne s'étouffe au restaurant avec la queue d'une crevette ? Ce genre de choses.

Je suis à fond, pendant tout le week-end. Le dimanche soir, remise des diplômes, je suis fier comme Artaban, encore plus que le jour de mon baccalauréat (je crois). Pourtant, dans la nuit qui suit, ma mère fait son AVC. Le lendemain matin, ma sœur m'appelle pour me l'annoncer alors que j'ai travaillé sur les symptômes de l'AVC durant ma formation. J'en ai été marqué. Ma mère s'en est remise, mais il écourtera quand même son existence, puisque deux mois après, c'en sera fini. Je suis convaincu qu'elle en avait eu la prémonition. Et moi, j'avais senti qu'elle irait mal. Cette formation de secouriste avait été d'une telle urgence pour moi ! Je ne vais pas développer de théorie déterministe, du genre : *Il n'y a pas de hasard.* Ce n'est pas, je crois, une question de hasard. En revanche, je suis persuadé que cela relève de l'intuition. L'intuition des hypersensibles, sur eux-mêmes et sur les autres, en particulier quand ils leur sont proches. L'intuition qu'il allait se passer quelque chose de cet ordre-là s'est imposée. À partir de là, cette formation de secourisme est devenue impérieuse. La nationalité haïtienne et le tatouage vaudou aussi. Vous devinez pourquoi. À partir du moment où ma mère meurt, eh bien oui, il faut absolument que je le fasse, parce que ce sont les seuls liens qui vont me rester, et me rattacher à ma mère autant qu'à Haïti. Lors de l'enterrement, je rencontre des gens de l'ambassade. Par la suite, ils faciliteront l'obtention de ma nationalité haïtienne. Mon passeport m'arrivera un an plus tard, et il me sera d'un grand soulagement. Si un jour Tess souhaite devenir haïtienne, elle le pourra grâce à ma nationalité.

En attendant, Tess vit aux États-Unis. Ce qui explique mon vœu, ou plutôt mon intuition numéro 2.

Bien avant son départ, je décide d'apprendre l'anglais. Six mois après le décès de ma mère, Tess file aux États-Unis avec la sienne (non, ce n'était pas prévu !). Elles s'installent à Los Angeles. De fait, je vais devoir y aller deux ou trois fois par an. De cette manière, j'apprendrai l'anglais.

– 17 –

Descente en rappel

Et la reconstruction se poursuit : après la psychothérapie, l'hypnose. Ne connaissant pas cette technique, j'imaginais que, plongé par magie dans un état second, on allait se promener à l'intérieur de soi en s'endormant. Ensuite, un claquement de doigts de l'hypnotiseur vous réveillait, et vous ne vous rappeliez plus les secrets terribles que vous aviez dénichés dans votre inconscient. Mais l'hypnotiseur, si… et il vous révélait à vous-même. Figurez-vous que ça ne marche pas comme ça ! Pour commencer vous n'avez pas affaire à un hypnotiseur, mais à un thérapeute, dont l'hypnose est un moyen.

À raison de deux visites par semaine, mes séances d'hypnose sont très rigolotes. Un excellent spécialiste m'a été conseillé par une amie. Jeune, plus jeune que moi, il doit avoir trente-cinq ans. Et moi déjà quarante-cinq. La relation soignant-soigné s'en trouvait un peu décalée, sans parler de son accent… Désolé, il me faisait rire. Évidemment, c'est un cliché, mais il y a des clichés auxquels on ne résiste pas ! Tu vas voir un hypnothérapeute et, alors que tu t'attends à un monsieur grisonnant dont l'expérience ancestrale suerait par tous les pores, te voilà face à un jeunot qui a un look d'attaché commercial. Et tu as l'impression qu'il va te parler de rugby. *Bonjour, Maurice ! Alors bon... On va faire un travail, ni plus ni moins...* Je prenais rendez-vous à l'heure du déjeuner, et lui enchaînait les rendez-vous. Jamais la moindre pause pour manger. Pour tenir la journée, il grignotait des gaufrettes à la fraise... Dois-je vous rappeler que je suis misophone ? Le gars me mettait à l'épreuve. Je l'entendais manger ses gaufrettes avec des bruits de petite souris affamée, et je me disais : *Ça marche quand même pas mal, cette affaire...* parce que normalement, j'aurais dû l'assommer avec sa gaufrette. Comme je devrais étrangler les mastiqueurs de chewing-gum avec leur gomme (ou leur écharpe), et étouffer les mangeurs de pop-corn avec des épis de maïs. Et là, je l'entends grignoter ses gaufrettes. Et je le supporte ! Décidément, ça va mieux, moi. Drôle aussi, sa manie de m'appeler Maurice toutes les deux secondes. Maurice revenait dans ses phrases à peu près tous les quatre mots : *Maurice... une chose qu'il faut, Maurice, que vous sachiez, Maurice, c'est qu'il y a, Maurice, quand même ! Maurice ! des limites dans la mesure où, Maurice, ce que cette personne, Maurice, vous a fait vivre...* Fous rires intérieurs garantis. À se demander si ces poilades intimes n'ont pas elles aussi contribué à ma guérison... Mais je dois le reconnaître, quand il me mettait en état d'hypnose, je partais loin, dans des voyages intérieurs insensés, pareils à de profondes méditations : vous êtes conscient de ce qui se passe autour, mais aussi de ce qui se passe dedans, à l'intérieur de vous-même. Le corps est relâché, totalement, vos bras tombent, vous êtes mou telle une poupée de chiffon. Le corps se met en sommeil, mais la tête pas du tout, elle continue. J'en ressortais complètement *stone*, comme, j'imagine, après sept pétards et trois champignons (je précise que je ne pratique pas, vraiment pas besoin, chez moi c'est presque naturel). Physiquement, j'avais aussi l'impression d'être passé entre les mains d'un ostéopathe qui aurait remis en place toutes mes articulations. Étrange. Par la suite, je l'ai conseillé à beaucoup de mes amis, car il me faisait un bien fou.

Avec l'hypnothérapie, le travail de nettoyage initié par la psychanalyse s'approfondit. L'état parallèle me permet de me réconcilier avec moi-même, de moins m'en vouloir, d'apaiser mon sentiment de culpabilité et de ne plus m'autoflageller (ni m'autosaboter). Bref, je suis en bonne voie : faire la paix avec mes parents et m'aimer un peu mieux.

Je mène cette hypnothérapie avec des séances d'EFT. Les *Emotional Freedom Techniques* sont des pratiques psychocorporelles. Elles nous viennent des États-Unis et sont assez récentes, puisque datant des années 1990. On les doit à un ingénieur américain qui s'appelle Gary Craig, et dont Wikipédia vous apprendra qu'il est aujourd'hui à la retraite… J'ai donc mené ce travail de déprogrammation chez un autre spécialiste. Le principe en est simple : ici, point de canapé freudien, mais une batterie de mouvements et de stimulations corporelles. Dans mon cas, on me tapotait au niveau du plexus solaire, du menton… à différents points représentant des chakras. En même temps, vous faites des exercices, mouvement des yeux, répétition de phrases…

J'ai suivi également des séances d'EMDR. Concrètement, mon spécialiste pouvait me demander de fixer un stylo et de suivre le mouvement qu'il lui impulsait. Là, tu te sens comme un gros chat qui poursuit une souris du regard avant de la happer, sauf que tu ne peux pas happer le stylo. Fou rire intérieur, et tu te dis : *Mais on est certain que ça marche, ça ?* Parce que c'est quand même assez comique. Eh bien, oui les amis… ça marche ! Pourtant, pendant les tapotements au niveau des chakras, tu te retiens d'exploser de rire, tout comme quand tu répètes des sortes de mantras, phrases qui doivent envoyer à ton cerveau une information précise : non, tel événement, telle personne ne doit plus jamais avoir d'influence sur toi ! Je m'entends dire : *Je ne veux plus que Mme André ait un pouvoir négatif sur moi !*

Moi, professionnel de la mise à distance, comment aurais-je pu ne pas être pris de fous rires intérieurs ? Mais tout sceptique que j'étais, ça marchait ! Sache-le, ami lecteur, pour te débarrasser de l'influence de Babar ou de ton pire ennemi, parle à ta tête et ouvre tes chakras. En trois mois, j'ai reconditionné mon cerveau. Traumatismes effacés. J'ai mené cette déprogrammation conjointement à l'hypnothérapie. Ces deux méthodes ont affiné le travail de gros œuvre qu'avait été la psychanalyse.

– 18 –

À la recherche du temps perdu

Vivre au présent n'a l'air de rien. Mais pour un hypersensible c'est un exercice très difficile : il fonctionne par anticipation. Très prévoyant, il appréhende le futur mais regrette aussi le passé. L'hypersensible prépare très à l'avance plutôt que d'être pris au dépourvu. Il met en place une organisation sur laquelle il se repose. Tout est bordé, pas d'imprévus, garanti sans angoisses. Ce mode de fonctionnement est si intégré dans le schéma de vie qu'on n'y prête plus attention.

Ainsi, quand je pars en voyage, je réserve le taxi du départ à une heure précise. À l'aéroport d'arrivée, le taxi m'attendra à un moment et à un endroit prédéterminés. Je l'aurai commandé à l'avance, et si d'aventure un retard est annoncé, je préviens le taxi dans la seconde. Cette organisation très huilée peut être source de stress… même si elle a pour but d'éviter les angoisses.

Autre exemple. Ce soir, je suis invité à un dîner. Qui je vais connaître là-bas ? Pas grand-monde. Et si je googlisais ces gens ? Qu'est-ce que je vais dire à table ? Je n'en sais rien. Et si je préparais des sujets de conversation ? Ou alors… ce que je pourrais faire, éventuellement, c'est de ne pas y aller. Oui, beaucoup mieux, ça. De cette manière, pas de prise de tête ! Donc, je ne vais pas y aller. Mais si, je vais y aller, sinon je vais me sentir coupable ! Une fois sur place, j'esquive les gaffes, je repère les liens potentiels entre les personnes… Un travail d'agent secret.

Voilà comment on se retrouve dans des schémas crétins, pour éviter de se mettre en danger. Car le danger est partout ! Du moins on se l'imagine. En vrai, il n'y a pas de danger. Pourtant, on l'anticipe. Conséquence de ce système de défense issu de l'enfance, la fameuse armure taille quatre ans qu'on a du mal à jeter à la poubelle. Alors, si on ne prémédite pas comme je le faisais systématiquement, si on ne prépare pas, si on ne borde pas… on se sent coupable.

Il y a les bons côtés, l'organisation, et les mauvais, la perte de spontanéité.

Ainsi, l'hypersensible est un très bon organisateur de vacances. Il va se renseigner sur les meilleurs hôtels, les meilleurs restaurants, les meilleurs plans. Faut-il prendre le train, l'avion ou la pirogue ? Il trouvera. Il va tout border. Pour le conjoint, c'est top. En revanche, il va peut-être trop border. Dans ce cas, il faut impérativement lui dire : *Lâche prise ! laisse faire les vacances ! Accepte d'être un peu dans la galère !* Parce qu'il risque de rater ces moments qu'on n'avait pas prévus, mais qui débouchent sur des rencontres extraordinaires et nous font vivre des choses magnifiques.

Mon hypersensibilité m'a fait rater pas mal de choses. À vouloir tout contrôler dans ma vie affective, amicale, professionnelle, je suis sans doute passé à côté de pas mal d'expériences qui m'effrayaient.

Un jour, on m'a proposé de sauter en parachute. J'ai dit non. Je me suis vu tomber dans le vide. Je n'ai retenu que ça et j'ai totalement mis de côté l'adrénaline que cette expérience pouvait procurer, cette multitude de sensations et d'émotions qui, j'imagine, peuvent être grisantes : monter dans l'avion, être avec les autres, mettre son casque… et puis lâcher prise. Je pense être passé à côté d'impressions incroyables : l'apesanteur, le temps suspendu dans le silence, l'air qui nous porte et nous lâche.

Dans un tout autre genre, vous connaissez l'émission *Burger Quiz* ? Un jour, on m'a demandé de la présenter. Une première pour moi. Jamais je n'avais été animateur de ma vie ! Angoisse totale, danger partout ! Il y avait tant de paramètres à prendre en compte : les invités, l'oreillette, les caméras, le public, les candidats, les fiches ! J'ai surflippé. Mais je devais y aller : belle opportunité, défi rigolo. Je suis donc sorti de ma zone de confort, ce qui est très compliqué pour un hypersensible. Alors… il surprépare : je connaissais très précisément mon conducteur (mon scénario, si vous préférez). Sur les conseils de mon sophrologue, j'avais travaillé chez moi de fausses émissions, dans les conditions du direct. Un peu comme si je me préparais aux jeux Olympiques. Perfectionniste à mort. Pas mal de sportifs font appel à des sophrologues pour gérer le stress au moment d'un match important. J'ai fait comme eux : vivre en amont les émotions que l'on risque de ressentir au moment T. J'ai donc la boule au ventre pour la première émission. Le générique démarre… dans quelle galère je me suis embarqué ?

Et finalement, tout s'est bien passé. Merci, la sophrologie ! Bref, je m'étais mis la pression… pour rien.

Un autre aspect de cette relation bizarre au temps, c'est le regret. Les hypersensibles ne sont pas seulement des gens qui prévoient l'avenir, mais ce sont aussi des gens accrochés au passé. Quand je me suis séparé de la mère de Tess, j'avais l'impression de m'être fait avoir. Tess part aux États-Unis, en principe pour trois mois. Mais elle y reste avec sa mère, qui s'y établit. Je le regrette, ainsi que mon quotidien avec Tess. Il faut vivre avec.

Et ne pas se laisser bouffer par la culpabilité, qui est le résultat de ce doux mélange perfectionnisme-anticipation-regret. Longtemps, le sentiment de la faute a été mon moteur : d'avoir mal fait, ou pas assez, de m'être mal comporté, de ne pas avoir pris telle ou telle décision, de ne pas être un fils assez présent ni prévenant vis-à-vis de ma mère. La liste est infinie.

Le meilleur remède contre le regret du passé ou l'anticipation de l'avenir, c'est le présent. Un jour, je l'ai rencontré…

Nous sommes au début de l'été 2014. Le 14 juillet, j'ai prévu de me faire tatouer un *vévé*, une façon de me réapproprier la partie haïtienne de moi-même. Ce sera une représentation de la déesse de l'amour Erzulie Freda. Je trouve ce symbole très beau. À cette époque-là de ma vie, j'en suis arrivé à cette conclusion ultime : il n'y a que l'amour qui compte. Pas nécessairement le sentiment amoureux, mais l'amour de l'autre, et l'amour en général. Je prends rendez-vous chez la tatoueuse, une première pour moi, ce qui génère un peu de stress. Or elle m'appelle pour m'annoncer deux heures de retard. Bon, je vais attendre à la maison. Sur ma table de salon traîne un bouquin que l'on m'a offert récemment, *Le Pouvoir du moment présent* d'Eckhart Tolle. J'ai deux heures devant moi, et si je le lisais ? Je l'ouvre, et je le dévore. Ce penseur allemand reprend la philosophie bouddhiste : le passé est passé, le futur n'existe pas, il n'y a que le présent. C'est d'une simplicité biblique même si, en effet, le vivre est plus difficile. Mais c'est une révélation ! Le message fondamental ? S'ancrer dans le présent. C'est un tel déclic : mais bien sûr, j'ai toujours fonctionné en culpabilisant sur le passé ou en ayant peur du futur. Et si, pour sortir du tunnel, il fallait s'ancrer dans le présent ? Et si, à trop me préoccuper de ce qui s'était passé, ou de ce qui allait se passer, j'avais raté le présent la plupart du temps ?

– 19 –

Erzulie Freda

À cette même époque, je consolide mon travail de thérapie par de la sophrologie. Ma sœur Clémentine, sophrologue à Châlons, m'a conseillé un spécialiste que j'ai rencontré à Paris, un hypersensible lui aussi. J'y suis allé presque à reculons, avec de petits doutes. Sophrologie ? Est-ce que ce n'est pas trop… perché ? Eh bien, non. C'est une approche très douce, qui synthétise différentes techniques et méthodes : méditation, yoga, respiration, mais aussi EFT, EMDR (une désensibilisation passant par des mouvements oculaires). L'hypnose est utilisée aussi. On en ressort avec des techniques d'apaisement rapides, applicables de façon concrète au quotidien, des petits trucs qui vous aident à gérer au jour le jour une fatigue, une montée d'anxiété. Tout ce qu'il faut pour prendre un peu de recul sur soi, les autres, des situations compliquées… comme la présentation de *Burger Quiz*.

Fin prêt, donc, à accueillir le présent. Quand cet ancrage dans l'instant m'est rendu possible, je me débarrasse de la culpabilité. Ou plutôt, je relativise. Le principe, c'est de savoir que le sentiment de la faute est en vous, et que ça ne changera pas du jour au lendemain. Mais si vous êtes un peu plus tolérant avec vous-même, point trop exigeant, la vie s'adoucira. Désormais, je vois l'auto-accusation arriver avant qu'elle ne m'agrippe. Alors barrage. À partir de ce moment-là, croyez-moi, on est beaucoup mieux dans sa tête ! Certes, le travail fait en amont – trois bonnes années chez le psychothérapeute, en EFT, chez l'hypnothérapeute et le sophrologue – a rendu ce moment possible. Mon cerveau éclairci a eu la capacité de lire ce bouquin sur le moment présent, d'en saisir le message, et de le laisser résonner si fort en moi. Encore présent aujourd'hui…

Mais après cette révélation, encore une chose à faire pour parachever ma reconstruction : me tatouer, et la boucle de ma guérison sera bouclée, du moins je le pense.

Pas facile d'aller chez un tatoueur la première fois, se marquer le corps à vie est quand même assez particulier. L'acte n'est pas anodin, surtout quand tu le fais à quarante-cinq ans. En principe, on se tatoue quand on est encore un jeune adulte. J'étais un peu stressé ce jour-là. Mais en même temps est arrivé ce qui était arrivé : j'avais lu Eckhart Tolle. Alors je marche en direction de Crimée, du salon de tatouage La Chauve-Souris, me disant : *La pensée décrite par Tolle est si simple, comment ne m'en suis-je pas rendu compte plus tôt ?* Sauf que. Le mental tend à compliquer les choses. Ton cerveau, qui a l'esprit de contradiction, entre dans la danse et tente de te corrompre. *Ça ne peut pas être aussi simple*, te suggère-t-il. Tu te défends : *Si ! si ! si ! c'est simple ! Suffit d'être plus fort, de ne pas se laisser détromper*.

Déposer la culpabilité qui te susurre à l'oreille : *Tu n'en fais pas assez, tu n'es pas assez sympa, tu n'écoutes pas suffisamment, tu n'es pas assez bon, tu pourrais faire mieux, mais qu'est-ce que tu as fait ?* Cela ne sert à rien, si ce n'est à nous handicaper.

Se répéter : *J'arrête de me sentir coupable en permanence.* Et je vis pour moi-même. Attention, je n'ai pas dit qu'il fallait basculer dans un égoïsme ou un égocentrisme forcené. Simplement, cesser de ne pas se croire à la hauteur. Se débarrasser du sentiment de la faute.

Je pense à tout ça et, tout à coup, me voilà devant ma tatoueuse. Mon cœur bat à deux cents. Rock and roll, cette femme ne plaisante pas, je renifle une dure à cuire… La séance était prête, le tatouage aussi. Et cette douleur ! Comme si on m'arrachait les dents ! Les larmes me montaient, parce que, on ne va pas se mentir, c'est une torture, surtout dans l'intérieur du bras, là où la peau est fine. Bon, ne pas lui montrer que j'ai mal. Et elle continuait. Trois heures. Trois heures ! Aujourd'hui, ce tatouage représente ce symbole de l'amour, mais aussi le jour où ma tête s'est éclaircie. Ma renaissance. Chaque matin je le vois en me réveillant, et je me rappelle l'importance de rester dans le présent. S'il m'arrive une galère, ou une appréhension, je regarde ce tatouage qui m'est comme une piqûre de rappel. Un mémo : *Vis ce que tu as à vivre maintenant, pour le reste, vois après.* J'apprends donc tous les jours à vivre au présent, la surculpabilité ne m'encombre plus. Je me sens bien plus léger. Construire et se construire jour après jour, une brique après l'autre.

À l'époque du tatouage, d'ailleurs, une voyante haïtienne venait chez moi deux fois par an. Elle participait à ma construction. Elle allumait une bougie, versait un peu de rhum dans une coupelle. Les vapeurs, accentuées par la flamme, la mettaient dans une sorte de transe. Elle basculait et, pendant une heure, me racontait son ressenti, et les messages ou images qu'elle recevait. J'adorais : une partie de moi est réceptive à ce genre d'expérience, même si je n'ai jamais essayé d'apprendre le tarot ou d'utiliser un pendule. Mais je respecte d'autant mieux que Clémentine, ma mère et ma grand-mère avaient un don de magnétisme. Tout être humain a des dons, certains y accèdent plus facilement que d'autres. Et sans doute que cela se travaille. Je n'en suis pas là. Je n'ai plus revu cette voyante par la suite, mais mon besoin de voir quelqu'un de Haïti n'était pas anodin. Je me rapprochais de ma mère décédée. Je la rendais *présente*. Construction, déconstruction, reconstruction.

Consécutif à mon travail d'introspection, je remarquais du côté de ma fille des comportements étranges : angoisses qui peuvent paraître irrationnelles, une grande soif de connaissances, énormément de vivacité, un humour particulier et un très grand niveau d'exigence. C'est simple, quand elle n'arrivait pas à faire quelque chose, Tess pétait un câble. Le bowling en est une illustration parlante. Si elle ne fait pas *strike* du premier coup… Furieuse ! J'aime bien l'atmosphère un peu surannée des bowlings. On en trouve assez peu aux États-Unis où vit Tess, pourtant, rien de plus simple : une boule à lancer tout droit et qui doit renverser des quilles. C'est un sport rond et ingénu, le bowling. Pour les hypersensibles, sa facilité est idéale. La première fois que j'y ai emmené Tess, elle avait dix ans. Sa première boule n'a pas fait *strike*, des quilles sont restées debout. Une catastrophe pour elle. J'avais beau lui expliquer qu'il fallait le temps d'apprendre, louper ses *strikes* la rendait folle. Ce qui est sans doute lié à la très haute exigence qu'ont les hypersensibles envers eux-mêmes. Tu dois aller vite, réussir rapidement. On est si concentré qu'on supporte mal de ne pas y arriver immédiatement. On oublie que le succès n'est pas seulement une question de conviction, mais aussi une question d'expérience. Beaucoup de paramètres font le succès, un peu comme lorsqu'on fabrique un film. L'alchimie du succès est très compliquée, il faut l'accepter.

Ne pas réussir était une immense déception pour elle-même. Pourquoi se voulait-elle tout de suite au top ? Se satisfaire elle-même, satisfaire son père… se sentir bien fondée à être là, elle aussi. Pour cette raison, une sorte de compétition s'instaurait entre elle-même et elle-même. Bref, Tess me rappelait quelqu'un et je me suis rendu compte que c'était moi. J'ai connu la même chose dans mon enfance. Mon cerveau est entré en ébullition. Il l'est souvent, mais là, il a dépassé la barre des deux cents degrés.

Outre mon travail d'analyse, je me suis mis à lire, beaucoup, beaucoup, jusqu'à tomber sur *Je pense trop*, de Christel Petitcollin. Bingo ! J'y retrouve le profil de ma fille. Et je réalise qu'il s'agit aussi du mien. Mais également de celui de mes deux parents. Révélation : voilà, je suis hypersensible. Nous sommes des hypersensibles. Ce n'est pas une maladie, non, je ne suis pas fou ! C'est une nature, des traits de caractère. Disons un état qui se caractérise par une constellation d'indices : haut niveau d'exigence, perfectionnisme, insatisfaction, culpabilité… et tout ce que j'ai déjà décrit.

J'ai offert le livre de Christel Petitcollin à Tess pour ses treize ans, histoire qu'elle n'attende pas d'en avoir quarante-cinq pour enfin comprendre qui elle est. Je ne pense pas qu'elle l'ait déjà ouvert. Elle y viendra peut-être. Chacun ses déclics, après tout.

Entre-temps, j'ai quitté le passage Choiseul, où je vivais tel un troglodyte dans sa grotte à l'abri de la lumière. J'emménage alors au dernier étage d'un immeuble, près du ciel et du soleil. Enfin le plein air. Je me sens plus heureux au quotidien, plus léger dans la vie, moins trouillard, prenant plus de risques dans les relations sociales.

Je me sens bien dans ma peau. Mais je n'ai pas tout à fait fini de me prendre un petit peu la tête…

– 20 –

Un QI non significatif…

À quarante-cinq ans j'ai fait un test de QI.

C'était après avoir lu *Je pense trop*, de Christel Petitcollin. Quand on découvre son hypersensibilité, dans un premier temps on est soulagé. Mais dans un second temps, on doute, pourquoi aurais-je un cerveau qui fonctionne différemment ? Tout de suite, le symptôme de l'imposteur se met en place. Alors déni : non, non, pas du tout, je ne suis pas comme ça, moi. Résultat des courses, on cherche une validation. Sacrée validation. Piégeux.

Le livre *Trop intelligent pour être heureux ?* de la psychologue Jeanne Siaud-Facchin m'avait ouvert à une vision un peu différente de celle de Christel Petitcollin sur l'hypersensibilité. Elle rapproche les hypersensibles des hauts potentiels et estime que pour déceler et distinguer les uns des autres, il faut passer un test de QI. Des centres de mesure du QI existent, en effet, à travers toute la France. Cherchant à valider mon hypersensibilité, je me suis précipité dans l'un de ces centres. Cogito'Z faisait passer un test de QI pour cinq cents euros. Y étaient reçus à la fois des enfants et des adultes. Le quotient émotionnel est également pris en compte. Je saute le pas. En bon hypersensible, j'arrive au centre stressé. Je veux absolument faire bien, réussir à tout prix. Pas spécialement relâché, je reçois un accueil relativement froid, clinique, ce qui est un comble quand on s'adresse à des hypersensibles, qui captent toutes les ambiances : empathie, froideur, émotivité… Bon. Ce jour-là, je ne ressens ni empathie ni chaleur. Ce n'est pas très grave.

Mon respect de la hiérarchie est si développé que, d'instinct, je fais totalement confiance à ces spécialistes. La distribution des rôles me convient, même si je joue celui du cobaye. Un questionnaire de motivation m'est présenté, il s'agit de savoir pourquoi je veux passer ce test. Appliqué, je le remplis, je le rends, je m'attends à passer le test, mais non, un nouveau rendez-vous m'est fixé quinze jours après. Petite frustration ! La frustration est un état difficilement gérable pour les hypersensibles. Également se rappeler un détail crucial : j'ai toujours très mal réagi aux examens. Qu'il s'agisse du conservatoire, de l'école ou des auditions, j'ai souvent planté les évaluations.

Arrive le jour du test, le vrai, je vais enfin connaître mon QI ! Dans un temps imparti, je dois répondre à quantité de questions : logique, calcul mental, imagination… et bien sûr culture générale. L'un des exercices consiste à raconter une petite histoire à partir de mots-clés, des problèmes sont à résoudre par ailleurs, des formes géométriques à remettre dans l'ordre… Si je me souviens bien, le test dure à peu près une heure. En somme, à quarante-cinq ans, je suis de retour sur les bancs de l'école, avec les mêmes problématiques que j'avais en CM2… Le petit Maurice, celui qui doute, refait surface. Le test s'achève, merci monsieur, au revoir madame, rendez-vous dans trois semaines pour le résultat.

Patience… Impatience…

Vingt et un jours passent, je me précipite au centre et là, surprise !

— Monsieur Barthélemy, nous n'arrivons pas à nous déterminer sur votre cas.

— C'est-à-dire ?

— Eh bien, pour nous, votre test est non significatif. Vous avez de très bons résultats dans certains domaines, mais de très mauvais dans d'autres. Drôlement irrégulier, quand même.

— Ah oui ?

— Eh oui…

— Mais est-ce que ça n'est pas normal ? Les chiffres, vous savez, n'ont jamais été ma tasse de thé. J'ai une très grande capacité à ne jamais les retenir…

— Nous l'avons remarqué, en effet.

— Je suis beaucoup plus à l'aise sur la culture générale, avez-vous remarqué ça, aussi ? Maintenant, c'est vrai que la géométrie, les mathématiques et moi, ça fait plus que trois. Le visuel, par contre, je m'en sors pas mal et l'imaginaire également, non ?

— Peut-être, monsieur Barthélemy, mais votre test de QI n'est qu'à 110.

— Ah oui ?

— Eh ! oui.

Je me retrouve donc avec un test payé cinq cents euros qui se révèle non significatif et qui ne me valide rien du tout ! Je suis dans le flou absolu… Et tellement frustré ! Doublement : j'ai planté mon test, et je n'ai pas de réponse. Je sors de là furieux, parce que je m'attendais qu'on m'annonce un QI de 130, et là, j'aurais dit : *Mais c'est génial !* Certes, c'est un peu infantile. Et surtout, je ne peux toujours pas savoir si je suis hypersensible ou haut potentiel.

C'est un crève-cœur, mais j'abandonne cette piste : non, tu n'es ni hypersensible ni haut potentiel, laisse tomber ! La déception est immense, j'étais sûr de m'être reconnu dans les symptômes décrits par les bouquins que j'avais lus. Alors quoi ? Alors je suis contrarié.

Je range tout ça dans un tiroir et je n'y pense plus pendant quelques mois. Jusqu'au jour où, au gré d'une conversation avec une personne que je ressens comme hypersensible, je lui raconte cet épisode peu glorieux de non-validation. *C'est bizarre*, me dit mon interlocuteur, *je n'ai pas le souvenir d'avoir entendu parler d'une validation par un test de QI.*

Je relis le livre de Christel Petitcollin. En effet, j'en ai la confirmation, il n'y a pas lieu de relier l'hypersensibilité à un test de QI ! Emballé, je décide de rencontrer cette dame. Elle ne donne plus de consultation, je prends donc rendez-vous avec sa fille, qui consulte à Paris. J'arrive dans un cabinet minuscule et m'assieds en face d'une jeune femme qui pourrait être ma fille, mais qui n'en est pas moins une spécialiste de l'hypersensibilité. Je suis venu chercher une validation. Est-ce qu'on va me la donner, à la fin ?

— Écoutez… j'ai besoin de cette validation.

— Mais pourquoi avez-vous besoin d'une validation, monsieur Barthélemy ?

— Parce que sinon tout le monde peut se décréter hypersensible !

— Mais est-ce que vous ne vous reconnaissez pas dans le profil des hypersensibles ?

— Bien sûr que si !

— Est-ce que ça n'est pas suffisant ?

Elle a amplement raison. Et j'ai eu tort de la juger trop vite. De ce jour, j'ai nommé mon état *hypersensibilité*, et cela même si je présente aussi des caractéristiques propres à un autre état, celui des *hauts potentiels*. Il y a débat, je crois, dans la communauté scientifique, mais la pensée en arborescence est un trait qui se rapprocherait des hauts potentiels : une pensée en amène une autre, qui en amène une autre, très vite, jusqu'à former un arbre de pensée. Pour cette raison, des fois, je peux vous donner l'impression de sauter du coq à l'âne, ou de revenir en arrière, voire de me répéter. Ce n'est pas du désordre, c'est mon arbre de pensée ! Alors je serais un hypersensible à haut potentiel ? Saverio Tomasella – autre grand spécialiste des hautement sensibles – dirait que je suis ultrasensible ou haut potentiel émotionnel. Possible, d'autant que mon intuition est très forte également. Aujourd'hui, pour simplifier, je me contente de dire que je suis hypersensible. Et je ne recommanderais à personne de faire un test de QI pour trouver une validation. Surtout dans ce genre de centre. Si vraiment vous tenez à faire des tests de ce type, un psychologue vous les proposera sans doute pour moins cher et s'il y a une vraie indication. Pas juste parce que, comme moi à l'époque, vous auriez besoin de combler un problème d'estime de soi.

Apprendre donc à faire confiance à son intuition : nul besoin de validation, quand est sûr de soi et de qui on est. Quand on a le vertige, on ne se demande pas si on a le vertige ! Quand on est hypersensible, c'est la même chose. À partir du moment où on le sait, on apprend à vivre avec ses avantages et ses inconvénients. Tiens, un atout indéniable me vient à l'esprit : le sens de l'orientation. Jetez un hypersensible dans une ville inconnue, donnez-lui un plan, et la plupart du temps (chaque hypersensible est différent), il saura se repérer en moins de trois minutes. La mémoire, en revanche, c'est assez curieux, je dirais que ma mémoire est elle aussi non significative. C'est lié, je pense, à cette habitude que j'ai prise dans l'enfance d'effacer les expériences douloureuses : au Honduras, en Haïti, où que ce soit, je vis le chaos, je le digère, je le transforme en un vieux souvenir que j'enterre au fin fond de mon inconscient. Résultat, aujourd'hui, je suis capable de me souvenir de détails inutiles et insignifiants, par exemple la robe portée par une personne que je vais croiser dans le métro. En revanche, je ne suis pas fichu de retenir des informations importantes comme la date d'anniversaire d'un ami. Ou même le prénom de la fille de mon meilleur ami. Il ne m'en veut pas, non. Parce que c'est mon meilleur ami. En fait, j'ai une mémoire visuelle. Mais j'ai du mal à visualiser des dates parce qu'elles sont des chiffres. Quand un chiffre rentre dans ma tête, je suis embrouillé. Si on pouvait remplacer les dates de naissance par des images, ça m'arrangerait. Je suis né le 23 petits chatons du mois de muguet, par exemple.

Hypersensibilité et haut potentiel

Comme nous le dit Maurice, il y a « débat » concernant l'hypersensibilité et le haut potentiel. Je ne sais pas si ce débat se passe dans la communauté scientifique ou non, mais le débat existe. Le haut potentiel a d'ailleurs toujours fait débat. Aussi je préfère sortir de cette dualité en apportant un éclairage très simple, sans pour autant prétendre apporter une réponse définitive à cette question.

QU'EST-CE QUE L'HYPERSENSIBILITÉ ?

L'hypersensibilité est une sensibilité plus haute que la moyenne, une nature profonde, une singularité précieuse et une manière différente de percevoir le monde.

Elle se compose :

– d'une hypersensibilité physiologique avec une capacité de voir, d'entendre, de sentir, de goûter et de toucher de manière plus élevée ;

– d'une hypersensibilité cognitive avec un fonctionnement cognitif en profondeur, c'est-à-dire un traitement en profondeur des informations. C'est ce qui fait que les hypersensibles ont besoin de plus de temps pour faire des choix ou prendre des décisions. À cette hypersensibilité cognitive s'ajoute majoritairement une pensée en arborescence (précisions plus bas) ;

– d'une hypersensibilité intuitive avec une forme de sixième sens, un guide intérieur.

La psychologue et chercheuse en psychologie américaine Elaine N. Aron a écrit plusieurs ouvrages sur l'hypersensibilité, dont *Ces gens qui ont peur d'avoir peur : Mieux comprendre l'hypersensibilité.* Le psychanalyste, docteur en psychologie et écrivain français Saverio Tomasella a écrit également plusieurs ouvrages sur l'hypersensibilité, dont *Hypersensible, trop sensible pour être heureux,* et le très beau roman initiatique *À fleur de peau.*

Qu'est-ce que le haut potentiel ?

Le haut potentiel, aussi appelé « surdoué », « zèbre » ou par encore bien d'autres surnoms, est un profil psychologique. Il décrit une aptitude intellectuelle supérieure aux normes.

Il se compose :

– d'un QI (quotient intellectuel) égal ou supérieur à 130, déterminé par un test couplé à l'observation du praticien et l'établissement d'un bilan psychologique ;

– d'une pensée en arborescence caractérisée par une connexion multiple des neurones qui se déploient dans plusieurs directions à la fois ;

– d'une dyssynchronie, c'est-à-dire un écart entre l'intelligence qui se développe à grande vitesse, et au contraire une évolution affective plus lente que la moyenne, ce qui provoque un décalage de l'enfant dans sa classe d'âge.

La première psychologue à avoir parlé des hauts potentiels en France est Arielle Adda. Elle a écrit plusieurs ouvrages dont *Le Livre de l'enfant doué, le découvrir, le comprendre, l'accompagner sur la voie du plein épanouissement,* et *Adulte sensible et doué, trouver sa place au travail et s'épanouir.*

Qu'est-ce que le test de QI ?

C'est un outil de diagnostic initialement mis en place par Alfred Binet en 1908, pour tenter de mieux comprendre les raisons de l'échec scolaire et distinguer les enfants souffrant d'insuffisances intellectuelles des enfants paresseux. Établi avec la collaboration de Théodore Simon, il avait pour but de déterminer « l'âge mental » d'un enfant par rapport à une classe d'âge. Puis le test a été repris par de nombreux psychologues américains, dont Terman et Merrill en 1937, qui l'améliorent. C'est ensuite en 1949 que David Wechsler élabore le test WISC dans lequel le résultat obtenu n'est plus en rapport avec l'âge, mais avec la population générale, et qui demeure le test le plus utilisé dans le monde. Il est expérimenté dans chaque pays sur un échantillon représentatif de la population, et certains exercices sont adaptés à la langue et à la culture locales.

Le QI est distribué selon la courbe de Gauss, l'une des courbes mathématiques les plus célèbres dont 100 est la norme, et 130 le seuil reconnu de manière internationale par l'OMS comme par l'Éducation nationale au-delà duquel les personnes sont dites « à haut potentiel ». Les tests sont régulièrement révisés.

Le test QI se présente sous 3 formes :

– WPPSI (*Wechsler Preschool and Primary Scale of Intelligence*) pour les 3 à 7 ans ;

– WISC (*Wechsler Intelligence Scale for Children*) pour les 6 à 17 ans ;

– WAIS (*Wechsler Adult Intelligence Scale*) pour les adolescents et les adultes.

Il comporte des questions de connaissances générales, de raisonnement et quelques manipulations pratiques. Les items verbaux, raisonnement perceptif, mémoire de travail et vitesse de traitement recouvrent différents aspects de l'intelligence. Ce test est établi par un psychologue formé, et complété par un examen psychologique. La synthèse des deux aboutit à une image à la fois affinée et instructive qui permet de valider le haut potentiel d'un enfant ou d'un adulte.

Résultats du test :

Le résultat peut donc être positif, égal ou supérieur à 130. Ou négatif, inférieur à 130. Il est homogène lorsque tous les items ont un résultat à peu près équivalent ou de même niveau. Il est hétérogène lorsque certains items ont un écart important entre eux. Certains psychologues refusent de faire la moyenne d'un test hétérogène et appellent cela un test « non significatif ».

La pensée en arborescence

Jusqu'à présent, la pensée en arborescence était plutôt attribuée au haut potentiel, seulement, il semblerait que celui-ci n'en ait pas le monopole. Le prix Nobel Daniel Kahneman, dans *Système 1, Système 2 : Les deux vitesses de la pensée*[1], évoque plutôt deux systèmes de l'esprit :

– le Système 1, qui fonctionne automatiquement et rapidement avec peu ou pas d'efforts et aucune sensation de contrôle délibéré ;

– le Système 2, qui accorde de l'attention aux activités mentales contraignantes qui le sollicitent, y compris des calculs complexes. Le système 2 est souvent associé à l'expérience subjective de l'action, du choix et de la concentration. Daniel Kahneman conçoit différemment la pensée en arborescence, en parlant de la vitesse de la pensée, sans évoquer la notion de « haut potentiel ».

Par ailleurs, dans ma pratique d'accompagnante, j'ai pu observer que près de 98 % des personnes hypersensibles que je reçois se reconnaissent dans le fonctionnement de la pensée en arborescence, et ne sont pas forcément diagnostiquées à haut potentiel.

Bilan

Par conséquent, il semblerait que la véritable différence entre l'hypersensible et le haut potentiel réside simplement dans la capacité intellectuelle établie par le test de QI.

1. Daniel Kahneman, *Système 1, Système 2 : Les deux vitesses de la pensée*, Flammarion, 2012.

Pour le reste, « hypersensibles » et « hauts potentiels » ont de très nombreux points communs. On peut tout d'abord mentionner une grande sensibilité, puis la dyssynchronie, la pensée en arborescence, des difficultés relationnelles, des difficultés scolaires, un sentiment d'être incompris, un manque de confiance en soi, un sentiment de décalage, un humour décalé, un besoin de sens, un grand besoin d'être aimé, un besoin de sécurité et bien d'autres encore.

De la même manière qu'il existe des hauts potentiels avec une très grande intelligence intellectuelle mais démunis de sensibilité, il existe aussi des hypersensibles qui ont refréné leur hypersensibilité dans l'enfance ou l'adolescence, et sont devenus des êtres contrôlants, manipulateurs et narcissiques.

En résumé, ce n'est jamais l'aptitude intellectuelle qui fait défaut aux hauts potentiels, mais l'accueil de leur grande sensibilité émotionnelle. Tout comme les hypersensibles. Et c'est bien ce qui crée une confusion entre les deux.

– 21 –

Ne m'appelez pas *zèbre*

Je me rappelle l'époque où, gamin, je voulais aller voir *Les 101 Dalmatiens* au cinéma. Hélas, pas de cinéma dans le village de Verberie. Déterminé à trouver une salle qui diffuse ce dessin animé, j'attrape *Le Courrier picard*, j'en tourne fébrilement les pages et, bingo ! je tombe sur *Les 101 Dalmatiens*. Il se joue dans quelques heures. Ivre de joie, j'en parle à mon père, d'accord on y va, fabuleux. Toute la famille monte en voiture, une 204 break blanche (désolé, j'ai oublié l'immatriculation). En route pour l'aventure ! Juste avant de mettre le contact, mon père feuillette *Le Courrier picard*, il s'arrête sur la page *Cinéma*, je pense pour prendre l'adresse, et brusquement, sa mine s'assombrit. *Enfin Tom ! Tu ne m'avais pas dit que ça passe à Noyon !* Il paraît que c'est à quarante kilomètres de la maison. Et alors ? Mais enfin, Tom, quarante kilomètres ? Désolé, mais je ne saisis pas. Je ne vois pas où est le problème. Mon père me l'explique : un aller-retour à Noyon, c'est au minimum une heure et demie de voiture. Pour aller voir une heure et dix-neuf minutes de film ? Fais ton compte, Maurice, ça n'en vaut pas la peine. Nous n'irons pas à Noyon. Drame. Je fais une colère noire, noire, noire. Ça ne change rien, tout le monde descend ! Aujourd'hui, y penser me fait lever les poils. La frustration est encore présente, un peu comme quand le soufflé au caramel au beurre salé n'est pas au menu de mon restaurant. Drame. Noir, noir, noir. Mon repas est ruiné.

Bon, d'une manière générale, je gère mieux la frustration aujourd'hui. Mais quand même… au cinéma, ou dans un avion, je me sens mal à l'aise si je ne peux pas m'asseoir près d'une allée centrale : être toujours prêt à partir, mais aussi ne déranger personne si tout à coup je dois me lever. Le besoin est double : s'échapper facilement, mais aussi préserver les autres. Par exemple, en avion, je ne prends jamais la place du milieu dans une rangée de trois sièges. Depuis que ma fille réside à Los Angeles, je prends beaucoup l'avion. Désormais, je connais par cœur la disposition des places en classe éco. Catégorie une : celles qui sont proches des toilettes. À bannir, sauf si vous voulez être réveillé toute la nuit par les bruits de chasse, la lumière glauque et le loquet de la serrure qui claque. Les odeurs aussi… Toute la nuit, je risque d'être réveillé par des personnes qui vont claquer les portes. Catégorie deux : celles qui se situent à proximité de l'espace des hôtesses et des stewards. À fuir, sauf si vous appréciez les casiers qui s'ouvrent et se ferment sans arrêt, et les trolleys qui cahotent dans l'allée.

Autres astuces : pour les vols aller, qui se déroulent en plein jour, réserver systématiquement un hublot, car vous n'aurez pas besoin de déranger votre voisin pour aller pisser. Vous aurez vidé votre vessie au préalable, car vous êtes un champion de l'anticipation. Pour les vols retour, retenir un siège côté couloir, de manière à vous ouvrir le passage vers les toilettes sans déranger votre voisin. En vols de nuit, souvent très longs, vous ne pourrez pas vous abstenir de vous lever deux, trois, quatre fois. Vous voyez, voyager avec un hypersensible peut être très rassurant, il a tout prévu. Mais voyager avec un hypersensible peut être très gonflant, il a tout prévu.

L'hypersensible est un hyperperfectionniste.

Dans mon métier, je suis un hyperperfectionniste. Pour commencer, si je ne travaille pas, j'ai encore une légère tendance à me sentir coupable. Les trois quarts du temps je gère seul mon planning, sauf en période de tournage. Les phases de travail en solitaire sont les plus propices à la culpabilité (de ne pas bosser assez). Je m'impose des horaires, par exemple le matin à partir de 10 heures. Dès lors, je coupe le téléphone, je neutralise Internet et trois heures durant je travaille sans interruption. Parfois quatre. Cette demi-journée de création quotidienne apaise la petite voix de mon angoisse : *Mais mon pauvre Maurice, tu n'as rien branlé aujourd'hui !* Eh bien, si ! J'ai fait le rituel, respecté les règles, satisfait mes fixettes, je me suis auto-encadré dans mon travail perso, me voilà rassuré.

Le travail en solo est une phase parmi d'autres, comme le montage, que j'adore. Le montage me passionne tant que je suis capable de travailler douze heures d'affilée sans me rendre compte que les personnes qui bossent avec moi ont des besoins organiques : manger, boire un coup, fumer une cigarette… En totale immersion, je l'oublie et je ne vois pas le temps passer. Je ne sens plus ni la faim ni la soif, ou plutôt je n'ai soif que de ce que je fais. Le montage est un formidable terrain de jeu pour les hypersensibles et les hauts potentiels. Les possibilités et combinaisons sont infinies, on pourrait les représenter comme un arbre, le même que celui de la pensée en arborescence. On a envie de tout essayer.

Autre phase de travail, le tournage, pour lequel je suis aussi capable de travailler très longtemps. J'aime particulièrement coordonner les multiples corps de métiers qui entrent en jeu dans un tournage. Les hypersensibles sont couramment des touche-à-tout et, étonnamment, lorsque je travaille, mes défauts du quotidien ont tendance à s'effacer. Mon manque de précision, notamment. En tournage, montage, mixage ou bruitage, ma vision est très aiguisée, ma perception très acérée. Ça ne m'arrive jamais dans la vie de tous les jours…

Y aurait-il alors des avantages à ce côté obsessionnel, même s'il emmerde tout le monde dans la vie ? On dirait bien que oui. Au cinéma, il est appréciable et peut être apprécié. L'hypersensibilité est à la fois cette grande chance et ces petites névroses qu'il faut calmer, transformer pour qu'elles ne soient plus bloquantes et qu'elles favorisent la créativité.

Les bouquins dessinent de grandes tendances communes à tous les hypersensibles, mais il est important de se souvenir qu'ils sont tous différents ! Pas un caméléon n'a le même camouflage. Vous le remarquerez, je ne dis pas *zèbre*… ce qualificatif me semble un peu gentillet. Je n'aime pas beaucoup cette idée de nous trouver des qualificatifs attendrissants pour mieux faire passer la pilule. L'hypersensible n'est pas un petit animal mignon. Il peut même être difficile à vivre.

L'hyperperfectionnisme

Le perfectionniste est une personne qui recherche l'excellence de manière excessive. Précédé du préfixe hyper, qui signifie « le plus haut degré », l'hyperperfectionniste dont nous parle Maurice désigne une personne qui recherche de manière presque obsessionnelle la perfection.

Le besoin de perfection est une valeur que l'on retrouve chez de très nombreux hypersensibles. Il est souvent difficile à vivre à la fois pour soi-même et pour l'entourage. Il ne se manifeste pas systématiquement dans tous les domaines de la vie, car on peut être perfectionniste dans sa vie professionnelle, mais avoir plus de souplesse dans sa vie privée. Maurice nous raconte qu'il est hyperperfectionniste dans son métier. C'est une valeur qui confère aux hypersensibles qui la possèdent la possibilité de donner le meilleur d'eux-mêmes pour ce qu'ils considèrent comme important.

Diminuer le curseur perfection, cependant, doit véritablement être encouragé, pour la respiration que cela peut apporter à l'hypersensible, ainsi qu'à son entourage.

Ainsi, même quand il va bien, l'hypersensible est généralement un être addictif. Les addictions ont un millier de visages : sexe, alcool, jeu, drogue, nourriture… En plus de calmer l'anxiété, elles déconnectent le cerveau. Personnellement, j'ai de la chance, mes addictions ne sont pas mortelles. Pour la drogue, en dehors d'un pétard auquel j'ai surréagi, puisque j'ai dormi quarante-huit heures d'affilée, je n'y ai jamais touché. Les drogues m'ont toujours fait très peur. À l'inverse, je n'ai pas eu froid aux yeux face à l'alcool, par exemple. J'ai dû faire très attention, c'est si facile de prendre un verre pour adoucir un moment de stress. Mieux supporter une séparation, apaiser un deuil, se consoler d'un échec professionnel… Je suis vigilant, car j'ai tendance à vivre les événements de manière très intense, ce qui induit un état de grande fragilité : quand mille émotions te tombent dessus en même temps, tu es assommé. Difficile de résister à la tentation des plaisirs artificiels qui amortissent tous les chocs.

Le sport n'est pas mal aussi pour décompresser. Grâce aux endorphines qu'il libère et qui calment le cerveau, c'est le meilleur des antidépresseurs. Je m'en suis beaucoup servi à l'époque des deuils, quand j'ai perdu mes parents, et que pas mal de gens autour de moi ont disparu. Le sport est un excellent moyen de se mettre en veille, sauf que, en bon hypersensible, il m'est arrivé d'en faire beaucoup trop. Après avoir abusé de la course à pied, je me retrouve avec une hernie discale. Mes vertèbres du bas se sont tassées, je ne peux plus courir. Maintenant, je pratique comme je peux, mais surtout pas en salle. La promiscuité n'est pas des plus agréables. Qui a envie de croiser un mec à poil tous les matins ? Pas moi ! Alors, après avoir renoncé à la course, je me suis offert un vélo elliptique parce que je l'avais essayé dans un hôtel. Génial. Il me mange les trois quarts de mon appartement, mais j'en suis très content ! Comment ? Vous ignorez ce qu'est un vélo elliptique ? Une sorte de pédalier vous fait des cuisses et des mollets en acier, et on se fabrique des bras en béton avec des manettes qu'on agite comme des rames : laissez tomber la barque, la marche et le vélo traditionnel… le vélo elliptique, c'est trois en un ! En faire cinq jours sur sept pour se façonner un corps… d'athlète (ou presque), et se vider la tête. Je suis assez accro, vous l'aurez remarqué, une fois lancé, je ne fais pas les choses à moitié : quarante minutes par session, auxquelles je mêle de la méditation. Ne penser à rien, se vider l'esprit, quel bonheur ! Vous êtes simplement dans l'instant. Bon, des fois, j'avoue que je pose ma tablette sur le guidon et que je suis des séries. J'y suis accro aussi…

On ne peut pas parler de tocs et d'addiction sans évoquer les rituels. L'hypersensible ritualise son quotidien. Je vais souvent dans le même café, j'y commande la plupart du temps la même chose. Depuis mes vingt ans, je porte le même type de jean avec soit un sweat-shirt, soit un pull à col rond. Là-dessous, mon t-shirt est invariablement de couleur grise. Plus bas, vous trouverez mon caleçon, constamment noir. Depuis une quinzaine d'années, je porte les mêmes bottines, australiennes, des Blundstone. Ma monture de lunettes est identique depuis des lustres. Pourquoi ? Pour réduire le plus possible le champ du choix, ne pas se casser la tête, déjà bien fatiguée. On se fabrique des habitudes qui nous vont bien, et on n'en démord plus. Parce que, lorsque vous êtes au restaurant et que la carte vous donne le choix entre quinze entrées, dix-huit plats et trente-six desserts, quel cauchemar !

Alors, dans les bars, je commande la plupart du temps un Perrier pulpe. J'ai décidé que je n'aimais pas le Perrier rondelle, mais le Perrier pulpe. Hélas ! seuls les vieux garçons (de café) connaissent le Perrier pulpe. Les jeunes, il faut tout leur expliquer : prenez un citron, pressez-le, verser un Perrier bien frais dessus, servez ! Si vous n'avez pas de citron, remplacez par du Pulco. Le Perrier pulpe, c'est de l'ordre des petites manies et autres rituels qui calment les questionnements liés au choix. Et si je n'ai pas mon Perrier pulpe ? Je ne dirais pas que ma journée est foutue… mais c'est quand même très contrariant !

L'addiction

L'addiction n'est pas spécifiquement une caractéristique des personnes hypersensibles, mais elle est une stratégie que certains hypersensibles mettent en place pour surmonter des événements ou des situations trop stimulantes.

La timidité, par exemple, que l'on peut trouver chez certains hypersensibles introvertis, peut les amener à utiliser certaines substances addictives comme l'alcool ou la drogue pour affronter des circonstances stressantes. Au départ, elles vont s'en servir pour surmonter leur timidité ou leur appréhension, mais au fur et à mesure, elles en ressentiront toujours le besoin et ne pourront plus imaginer affronter les situations autrement.

La nourriture peut sembler un bon moyen pour combler une sensation de vide à l'intérieur, pour se remplir et éprouver de la plénitude. Sauf que la sensation de vide réapparaît très rapidement le lendemain ou le surlendemain.

Certains médicaments agissant sur les récepteurs peuvent aussi dans certains cas apporter une solution pour des hypersensibles qui en ont pris afin de surmonter une épreuve, mais le risque là aussi est qu'ils y restent assujettis.

Mieux vaut se faire accompagner pour apprendre à affronter petit à petit des situations perçues comme trop stimulantes.

– 22 –

Exit les pensées parasites

À partir du moment où j'ai pris conscience de mon état d'hypersensible, je me suis arrangé pour doser ce stress. Par exemple, quand j'entre pour la première fois dans une chambre d'hôtel, je m'assois sur le lit pour analyser l'environnement et les bruits. Si j'entends la cage d'escalier, la climatisation dehors, l'ascenseur, je sais que ça ne va pas le faire. Si les LED rouges de la télévision éclairent la chambre, ça va me taper sur les nerfs. Alors je mets des serviettes sur le téléviseur, les panneaux d'issue de secours, de sorte que ma chambre ne devienne ni verte ni rouge… Quant au bruit, je ne fréquente plus de restaurants trop vociférants, parce que je vais avoir du mal à me concentrer et à ne pas écouter les conversations autour de moi. Les endroits trop éclairés, où la chaleur est excessive… j'évite. Ça me fait moins d'informations à traiter. Et je suis calmé.

Après la thérapie que j'avais entreprise, en principe, je suis guéri. En tout cas, ça va beaucoup mieux. Mais il s'agit désormais de maintenir mes acquis grâce à de petits exercices quotidiens. En ce qui me concerne, il y en avait deux. Le sport a été pour moi très important et salvateur. Je vous ai parlé de la course à pied, du vélo elliptique, sources naturelles d'endorphines et d'apaisement. Mêler sport et méditation, mixer physique et psychique : se vider l'esprit sur son vélo elliptique, ne penser à rien. Libérer son esprit pour reposer sa tête. Mettre son mental au repos.

Je ne dirais pas que je passe quarante minutes la tête totalement vide, mais je m'efforce de créer des plages de deux à trois minutes où, non seulement mes pensées vont s'atténuer, voire s'éteindre, mais où j'aurai à repousser des idées parasites. Pour ce faire, je me concentre sur un paysage, en ce moment, c'est une dune. Il m'est arrivé d'y courir dans mes périodes d'isolement (le confinement n'a pas été un problème pour moi, du moins sur le plan personnel). Une fois arrivé au sommet, je vois la mer, elle m'accueille, le bruissement des vagues qui écument m'apaise. Je me laisse aller à ce moment d'une douceur enveloppante et à la beauté des images. J'habite le présent, je m'y sens incarné, l'air emplit mes poumons, je suis vivant et je suis bien. Cette image n'existe que dans ma tête. Mais j'ai le sentiment d'y être, jusqu'à sentir l'iode et la bruyère, jusqu'à éprouver la caresse du vent. J'ai le sentiment d'une chaleur intérieure et extérieure, je m'immerge dans ces sensations visuelles, olfactives, tactiles, le plus longtemps possible, comme si j'étais réellement dans ce paysage que je suggère à mon cerveau. Exit les pensées parallèles et parasites ! Seul ce paysage mental unique existe.

C'est vrai, on ne réussit pas toujours à écarter les pensées parasites. Très vite, tu as une idée sur le boulot, une illumination à propos d'un dossier qui n'avançait plus. Ou alors tu te dis : *Tiens, j'ai oublié de passer le chiffon sur la cheminée. Et puis il ne faudra pas que j'oublie de lustrer les feuilles du ficus. Tiens, et si je prenais un maine coon ? Oui, mais est-ce que le ficus n'est pas un poison pour les chats ? Il faudra que je n'oublie pas de le vérifier*. On dérape très vite… Quand j'estime que je ne me suis pas suffisamment déconnecté, je me force à rester dans ma « dune », qui est une sorte de bulle. Si mon petit moment de zénitude me paraît suffisant, je me laisse envahir par l'idée qui monte, qui monte. Et je commence à réfléchir… quitte à aller au bout de cette pensée avant de revenir sur ma méditation.

Une technique efficace, du moins pour moi, c'est la respiration. À la naissance, on sait tous respirer. Ensuite, on oublie. Très vite, on a désappris. Si vous saviez comme, en moyenne, on est tous nuls en respiration ! Les chanteurs s'en sortent pas mal : pour utiliser leur organe au mieux, ils rééduquent leur cage thoracique, leur ventre, leurs poumons. Les comédiens aussi. Moi qui ai fait du théâtre, j'avais déjà un bon capital de respiration. Mais peut mieux faire. Là encore, merci la sophrologie. En cas de situation de stress, quand c'est possible, s'isoler où vous pouvez, dans le bureau d'à côté, dans les toilettes d'un café, et faire ce travail de respiration qui consiste à laisser entrer l'oxygène, le garder en soi. En gros, mettre en œuvre des exercices de sophrologie qui vous permettront de vous détendre. C'est comme un équilibre alimentaire : manger ce qui nous fait du bien. S'offrir quinze minutes de détente par jour, c'est essentiel. Encore plus chez les hypersensibles, qui ont ce besoin de déconnexion.

Avant, j'avais tendance à vivre le stress et l'angoisse sans m'en rendre compte, alors que précisément la clé, c'est d'être suffisamment à l'écoute pour reconnaître le moment où le cerveau mouline à vide. Mon travail de développement personnel m'a permis de créer des auto-alertes. Après, vous trouvez toutes les techniques d'apaisement que vous voulez. Comme passer à quelque chose de concret. Pour ma part, quand je me rends compte que je suis en train de me prendre la tête, non seulement je respire, mais je passe aussi à l'action : je fais le ménage, par exemple. Le ménage est parfait pour se vider l'esprit, et il révèle la fée du logis qui sommeille en vous. Gratifiant, non ? La promenade aussi. C'est tout bête, mais sortir, se mettre au contact de la nature, avoir les sens en éveil pour accueillir ce qu'elle peut vous apporter, les odeurs d'herbe mouillée, le chant des oiseaux et, si vous êtes en bord de fleuve, le ronron lointain des péniches. S'il pleut, aller au cinéma. S'il fait doux, profiter du soleil sur une terrasse de café. Bref, sortir de soi. Pendant le confinement mondial du printemps 2020, en cas de tension, je faisais tout bêtement du jardinage. J'explorais, ça m'intéressait, et même si je merdouillais, mon esprit s'occupait à quelque chose d'agréable et de constructif.

Beaucoup d'astuces. Il n'est pas nécessaire de se jeter sur les méthodes toutes faites de librairie. Se fabriquer ses propres recettes sera sans doute le meilleur des remèdes. Chacun sa tambouille. Pas besoin d'explications ou de solutions toutes prêtes. Le mieux-être, ça ne marche pas comme une soupe instantanée. Simplement, savoir reconnaître que l'on est tendu, puis se le formuler : *Tiens... je me chauffe le crâne. Rien n'en sortira. OK, je passe l'aspirateur*. C'est la clé.

– 23 –

Votre pervers et vous, par le Dr Barthélemy !

Souvent, dans la même famille on peut avoir des hypersensibles et des pervers narcissiques !

Compliquée, cette histoire, parce que le premier est la proie presque naturelle du second. Qui est le prédateur en titre de l'hypersensible.

De nombreux témoignages indiquent que l'hypersensible tombe fréquemment amoureux du pervers narcissique. Qui est-ce ? Un homme ou une femme dont la personnalité peut être qualifiée de toxique… Cette personnalité complexe est difficile à définir, et aussi à reconnaître, parce que le pervers narcissique a plusieurs visages. Certes, l'humeur varie chez beaucoup de monde. Mais le pervers narcissique, lui, est un grand manipulateur. Il ne peut pas s'en empêcher. Où est-il ? Vous le rencontrez au travail, en amitié ou en amour. Ce maître de la séduction jouit d'une aisance folle. Il nous fascine ! Et ferait un merveilleux gourou de secte. À l'inverse de nous, il a une très grande estime de lui-même, ce qui l'empêche d'avoir de l'empathie. Les hypersensibles, en effet, en ont beaucoup trop.

Au commencement, notre pervers narcissique présente toujours son plus joli masque : suis-moi, je vais te donner du rêve ! Envoûté, l'hypersensible se lance. Mais nous ne sommes pas non plus complètement idiots, n'est-ce pas ? On la flaire, cette part d'ombre qui donne ce charme vénéneux à notre pervers. Cette ombre nous attire : tiens, qu'est-ce que c'est que ça, je ne saisis pas. Notre curiosité naturelle est attisée, notre sur-empathie s'exacerbe, et nous voilà en plein syndrome de l'infirmier. Je vais sauver cette personne que l'ombre obscurcit !

Certes, elle ne nous a rien demandé… Du moins, elle n'attend pas de nous qu'on la sauve. Elle attend qu'on la laisse nous dévorer. Un peu benêts sur les bords, on y va quand même, c'est plus fort que nous. Bon an, mal an, on s'efforce de changer l'ombre en lumière. Lorsque ce n'est pas possible, on tente de la dissiper, sans s'apercevoir que le pervers narcissique est déjà en train de tisser sa toile d'araignée ! Vous êtes fait… Bien fait ! Il ne fallait pas y aller !

L'hypersensible ne peut pas grand-chose contre son syndrome de l'infirmier. Intuitivement, il sent la détresse profonde que recouvre l'ombre du pervers. Spontanément, il va faire le maximum pour que l'être en souffrance se sente bien, ou tout au moins, mieux. Concrètement ? Pour commencer, vous espacerez vos visites à vos amis, à vos collègues, à votre famille… jusqu'à ne plus les voir du tout ! C'est-à-dire que le pervers narcissique – qui n'a pas encore retiré son masque – vous demande beaucoup d'énergie ! Une attention de tous les instants qui fait que, au bout du compte, vous n'avez plus de temps pour les autres. Attention, vous êtes ravi de vous consacrer à lui. Vous sentez bien que votre vie se déroule dans une cage, mais ses barreaux sont dorés, elle est très confortable. De toute façon, vous ne pouvez pas sortir, vous avez avalé la clé. Vous ne vivez plus que pour les yeux doux de votre pervers et pour votre relation. L'enfermement vous oppresse, vous avez de temps en temps l'impression d'étouffer, mais… ça doit être vous, le problème. Oui, vous êtes coupable de ne jamais en faire assez. Impossible de vous libérer de votre cage, de votre culpabilité. Quand votre pervers est jaloux, c'est pire. Au début, vous en êtes flatté. Et très vite, une fois que vous êtes ferré, interdiction de voir les copains (surtout ceux qui sont du même sexe que lui). Combien d'entre nous ont dû, du jour au lendemain, couper les ponts avec leurs vieux potes ?

En-fer-mé.

L'hypersensible n'étant pas méfiant, et plutôt un altruiste, il se laisse assez facilement marcher dessus. N'oublions pas que son estime de lui-même est très basse. Le principe ? Petit à petit, le pervers narcissique prend possession de l'hypersensible, qui ne s'en rend pas compte. Ainsi, et de façon systématique, votre pervers s'opposera à tout projet qui serait individuel. Tout-doit-passer-par-lui. Votre parcours professionnel risque de se compliquer, sans autres références que votre cage dorée, dans laquelle vous dépérissez. Avec cette clé que vous avez avalée, et qui vous reste en travers de la gorge. L'hypersensible, d'habitude vif et joyeux, commence à faner. Il le sent bien comme il voit sa joie disparaître, sa légèreté s'envoler. Il se sent lourd, lourd, lourd… il s'échine à satisfaire les désirs de son pervers narcissique. Qui n'est jamais satisfait ! Votre pervers souffre aussi de la relation toxique qu'il a instaurée. Vous avez remarqué comme il se plaint toujours de son insatisfaction ? Mais vous êtes encore sous le charme, et vous vous refusez à regarder en face le visage peu engageant qui se dévoile : votre pervers n'est plus du tout dans la séduction. Il vous humilie. Et son égocentrisme vous saute au visage. Mais vous lui courez encore derrière. Il vous bouffe, aspire votre vitalité, jusqu'à ce que vous ne soyez plus qu'une coquille vide. Une coquille desséchée, sans aucune capacité de réaction, de discernement ou de rébellion.

Comment sortir de là ?

D'abord, prendre son mal en patience. Réaliser qu'on a perdu la maîtrise de son existence demande parfois des années. Tiens, mais je n'ai plus d'activité personnelle ! Tiens, pourquoi c'est devenu le désert, autour de moi ?

Pour commencer, vous serez peut-être dans la confusion : les sautes d'humeur de votre pervers en sont la source, et elle est infinie, comme votre souffrance et votre sentiment de la faute. Mais vous voudrez encore mieux faire. Vous penserez : *Je vis une histoire compliquée.* Il faudra encore un peu de temps avant que vous ne vous disiez : *Je vis une relation toxique !*

Et puis un jour, un déclic, vous serez frappé par un éclair de lucidité. C'est moi qui ai créé le vide ! C'est moi qui me suis isolé. Alors vous serez prêt à repartir à la conquête de vos proches. Et de vous-même.

Bravo ! Vous récupérerez du terrain : plus vous regagnez votre identité, plus vous retrouvez vos aimés, plus votre pervers perd de son emprise sur vous. Il en devient fou ? Pas grave, il s'en remettra, ne vous inquiétez pas pour lui, occupez-vous de vous-même. Certains iront voir un psychiatre. Si vous n'avez pas de chance, il aura la drôle d'idée de vous donner des médicaments : *Vous êtes anxieuse, madame Bernard ! Prenez ça, ça va calmer votre anxiété*. Un pansement sur une blessure qui demande un traitement de fond. Première étape, la séparation. Alors bien sûr, c'est un peu plus douloureux qu'un sparadrap qu'on arrache.

Ça y est ? Vous êtes parti ? Bravo !

Vous aviez déjà entendu parler des relations toxiques, n'est-ce pas ? Les pervers narcissiques aussi, vous aviez déjà lu des trucs... Mais jamais vous n'auriez imaginé qu'une histoire pareille puisse vous arriver. Il faudra l'entendre de la bouche de quelqu'un d'autre (votre psy, si vous voulez) pour en prendre pleinement conscience. *Vous êtes tombé dans une relation de manipulation, madame Bernard.*

Effectivement, c'est ce que j'ai vécu. Je suis très soulagée de ce que j'ai vécu porte un nom.

Étonnamment, les déboires que vous aurez rencontrés avec votre pervers vous permettront peut-être de découvrir votre hypersensibilité (au cas où vous n'auriez pas été au courant).

Comment ? Travailler sur soi. Se poser des questions. Pourquoi suis-je tombé dans cette manipulation ? Pourquoi ai-je laissé faire ? Pourquoi je me suis laissé embarquer ? Est-ce mon hypersensibilité qui m'a amené à rencontrer mon pervers ? Peut-être. Mais comme vous avez le goût de la vie, vous rencontrerez d'autres personnes, de très belles, de très saines, voire des hypersensibles. Et si je vous parlais d'amour ?

L'attraction hypersensible-pervers narcissique

Les personnes hypersensibles sont-elles les cibles préférées des manipulateurs ou pervers narcissiques ? Voilà une question qui revient souvent et à laquelle je vais tenter de vous donner des éléments de réponse. Tout d'abord, faisons une distinction importante. La manipulation peut avoir différents degrés ou différents stades. Qu'un individu manipule occasionnellement une autre personne ne fait pas de lui un manipulateur ou un pervers narcissique. Le manipulateur ou encore pervers narcissique dont nous parlons ici est une personne atteinte de trouble de la personnalité narcissique.

Lorsqu'on la rencontre, elle peut nous sembler sympathique, flamboyante, charmeuse ou flatteuse, parfois même discrète au premier abord. Mais avec le temps, la relation va progressivement dévoiler une tout autre nature et tourner au cauchemar. Cette relation peut être amoureuse, amicale, avec un conjoint, un collègue de travail ou un membre de la famille.

La stratégie consciente ou inconsciente utilisée par le pervers narcissique est bien rodée. D'abord, guidé par un besoin fondamental de se faire apprécier ou admirer, il cherche à séduire, complimenter, valoriser. Puis, dans un deuxième temps, il va se rendre indispensable à l'autre : il rend des services, est à l'écoute, comprend, jusqu'à se fondre dans l'autre pour devenir son alter ego. Une confiance va s'installer, une complicité, un amour parfois. Seulement, c'est lorsque la confiance et la symbiose sont à leur paroxysme qu'un sentiment de malaise apparaît. Le basculement ne se fait guère attendre. Progressivement ses actions et son comportement se mettent à changer. Sa communication devient opaque, il peut dire une chose et son contraire en l'espace de très peu de temps – tout en niant avoir dit l'inverse auparavant ! –, il commence à faire des reproches et des critiques blessantes dans le but conscient ou inconscient de faire mal, mais surtout de déstabiliser l'autre. Puis l'enfer continue, il va faire en sorte d'éloigner l'autre de ses proches et de ses amis en prétendant, par exemple, qu'ils ne sont pas assez bien. Il n'a aucune empathie ou la simule, il refuse de se faire aider par un professionnel, prétextant qu'il n'en a pas besoin. Il est dans un raisonnement de toute-puissance et considère que le problème, c'est l'autre, avec sa sensibilité ou son hypersensibilité.

De son côté, la personne hypersensible en relation avec un pervers narcissique se sent, dans un premier temps comprise et écoutée. Elle va ensuite accorder à l'autre une grande importance, libérer du temps pour le voir davantage, lui accorder sa confiance, se livrer, se confier, lui communiquer naturellement son mode de fonctionnement, ses atouts, ses faiblesses, ses forces. Elle lui accorde toute son attention. Petit à petit, elle va s'apercevoir que le pervers narcissique change de comportement, fait des colères, des crises de jalousie, des caprices. Alors elle annule des invitations, renonce à organiser des dîners pour ne pas le froisser, le déranger. Puis un sentiment de malaise s'installe, celui d'être sans cesse écartelée, de devoir se confronter à deux discours totalement différents auxquels elle ne sait que répondre, car quoi qu'elle dise, elle aura tort, de toute façon. Les critiques, les remarques et les reproches vont atteindre son estime de soi et sa confiance en elle. Elle perd graduellement ses repères et ne sait plus très bien qui elle est, ce qu'elle aime, ce qu'elle n'aime pas, ce que l'autre veut ou ne veut pas. La culpabilité et le sentiment d'isolement ne sont alors plus très loin.

On a tendance à penser que les personnes hypersensibles sont la cible préférée des pervers narcissiques. Je dirais plutôt que c'est en fait une forme d'attraction mutuelle entre les personnes hypersensibles et les manipulateurs. Comme des aimants qui s'attirent, il y a une forme de magnétisme entre les deux parce qu'ils se complètent au tout début de la relation.

Le pervers narcissique va déployer toute sa puissance d'éloquence, de charme, de sympathie, de protection et d'assurance, ce qui attire la personne hypersensible qui souffre d'un manque de confiance en elle.

En retour, celle-ci va déployer toute sa bienveillance, sa bonté, son écoute, son admiration, son enthousiasme et son émerveillement de l'autre, lui témoigner son intérêt sincère, son affection et son amour, ce qui attire le pervers narcissique qui souffre du besoin d'être admiré.

Dans cette relation, le pervers narcissique s'apparente à un réservoir que la personne hypersensible remplit, encore et encore, sans jamais rien recevoir en retour. Un réservoir au fond brisé, jamais plein, qui nécessite toujours plus. Seulement, passé le temps de la séduction, et une fois que la personne hypersensible est ferrée, le pervers narcissique commence à dévoiler un autre visage.

Afin d'éviter de se retrouver dans une relation amoureuse avec un pervers narcissique, nous pouvons prendre le temps d'entrer progressivement dans la relation, afin d'évaluer régulièrement son propre état émotionnel au sein de la relation de couple. Parce que le pervers narcissique n'est pas facile à identifier, il est nécessaire de s'autoriser à prendre le temps de vivre chaque étape d'une relation amoureuse sereinement, car, comme dit le dicton : *Mieux vaut être seul que mal accompagné*.

Une fois entré dans la relation avec un pervers narcissique, il est très difficile pour une personne hypersensible de vivre paisiblement. Se faire accompagner, avoir un regard extérieur, peut aider à y voir plus clair.

– 24 –

Les hormones au taquet

Saria était très jolie et je me suis amouraché d'elle au lycée. Je me souviens aussi de Karine, pour qui je faisais des kilomètres à vélo pour me planter sous sa fenêtre dans l'espoir de la voir… et de lui chanter une sérénade. Mon adolescence a été la période la plus romantique de mon existence. Je n'ai jamais été aussi fleur bleue qu'à cette époque. Par la suite, le romantisme ne m'a plus réussi. Les rares fois où j'ai essayé de l'être… échec retentissant. Pas fait pour moi !

Mon premier baiser ? Comme tout le monde, avec ma cousine germaine. Elle était très jolie, elle aussi, toute blonde, toute bretonne, et je passais la plupart de mes vacances avec elle. L'été, c'étaient les stages nautiques en Bretagne ; l'hiver, c'étaient les vacances au ski. On faisait de l'Optimist à Trégastel dès 8 heures du matin, par tous les temps. En règle générale, le brouillard était total et j'étais engoncé dans mon gilet de sauvetage qui me remontait jusque sous le nez.

J'ai froid, le bateau avance à deux kilomètres à l'heure, je n'ai pas la moindre envie d'apprendre à en faire, ça ne m'intéresse pas. Rien d'agréable là-dedans, si ce n'est la présence de ma cousine. On dirait une poupée, et ce physique va déterminer mon goût pour les femmes enfants.

L'hiver, au ski, on est logé pas loin d'une station qui s'appelle Superdévoluy, dans les Hautes-Alpes. Personne, je pense, ne connaît Superdévoluy ? Un nom pareil, ça ne s'invente pas. Je profite du dortoir qu'on partage entre cousins pour me rapprocher de ma cousine qui a, elle aussi, un faible pour moi. Et voilà, premier baiser, sans la langue. J'ai neuf ans, les baisers sont encore chastes. J'étais réellement amoureux de ma cousine, chaque été, chaque hiver, c'était un nouveau coup de cœur réciproque.

Arrivent mes douze ans, je suis encore en Picardie, à Verberie, au collège d'Aramont, en classe de cinquième. Là, je tombe fou amoureux d'une autre petite poupée qui est en sixième. Ça se passe dans la cour de récréation :

— Est-ce que tu veux sortir avec moi ?

— Oui… pourquoi pas ?

Elle s'appelle Sophie. C'est la première fois de ma vie que je tombe aussi éperdument amoureux. A posteriori, je me suis posé la question : étais-je aussi amoureux parce que c'était la première fois ? Mon terrain affectif était pratiquement vierge. Cet amour m'a chamboulé au point qu'il est devenu une sorte de référence : par la suite, je n'ai jamais ressenti les choses aussi fort. La maison de Sophie se trouvait dans le village d'à côté, à sept ou huit kilomètres. J'allais la rejoindre à vélo et je me retrouvais dans le cadre idyllique et rassurant de sa famille : moitié allemande et moitié française, avec de nombreux frères et sœurs. Très différente de la mienne, cette famille me réconfortait, ils étaient aussi soudés que nous étions éparpillés. Quatre filles et deux garçons, si je me souviens bien, et cette maman allemande qui faisait des gâteaux de Noël. Ils fêtaient aussi la Saint-Nicolas. Très bien intégrés dans leur village, ils marquaient leur différence par ce petit côté allemand. Moi qui avais mes petits côtés différents aussi (la famille de beatniks dans une auberge espagnole), je me reconnaissais dans cette particularité.

Malheureusement, l'été venu, je reçois une lettre, une très jolie lettre sur papier vichy rose, où Sophie m'annonce notre rupture. Je crois que j'ai gardé cette lettre jusqu'à aujourd'hui. Notre histoire s'arrête, c'est mort. Mon cœur est littéralement brisé. Je n'en ai parlé à personne, je ne savais pas à qui en parler, d'ailleurs. Mais un soir, mon père me retrouve recroquevillé au fond de mon lit. Convaincu que mon malaise vient de leur séparation (mes parents se quittent à peu près à cette période), il s'assied près de moi et me demande si ça va. Je n'ose pas lui parler de ma rupture.

Cette conversation avec mon père est une des rares discussions intimes que j'ai pu avoir avec lui. J'en ai été marqué. L'un et l'autre nous parlions très peu de nos émotions, mon père étant lui-même cet introverti extériorisant difficilement ses émotions, en particulier avec ses enfants. Mes deux parents, du reste… Bienveillants, ouverts d'esprit, très chaleureux avec leurs nombreux amis, pour lesquels ils étaient très présents, très à l'écoute, ils échouaient à nous montrer leurs sentiments. C'est aussi lié à leur génération : après-guerre, on portait une carapace.

Je n'ai jamais perdu Sophie de vue, je suis toujours resté en contact avec elle. C'est une constante chez moi, je suis très fidèle en amitié. D'une manière générale, je garde de très bonnes relations avec mes ex. L'idée qu'elles puissent disparaître de ma vie m'est difficilement supportable. C'est cette histoire de couverture molletonnée dont je vous parlais à propos de mes amis. J'aime m'envelopper et envelopper ceux que j'aime ou ai aimés. Par la suite, j'ai servi d'entremetteur entre Sophie et un ami très proche, Thierry, à qui je l'ai présentée. Il est toujours son compagnon aujourd'hui. Voilà mon premier amour, une petite poupée de porcelaine qui me conforte dans mes goûts à venir, les femmes enfants.

Avec le recul, je dirais que Sophie était elle aussi une hypersensible, même si à l'époque je ne pouvais pas m'en rendre compte. Notre histoire a duré une année scolaire. Elle m'a envoyé cette lettre à l'été, et bien que je l'aie gardée quelque part, je ne l'ai jamais relue, et j'ai oublié les motifs de cette rupture. Je me souviens pourtant qu'elle me l'a expliqué, mais je ne me rappelle plus ce qu'elle m'a dit. Ma mémoire sélective… qui est aussi cette mémoire de résilient : je ne conserve pas les souvenirs douloureux, je les évacue. En réalité, les événements heureux ne s'impriment pas beaucoup mieux dans ma mémoire. Ce qui y reste, ce sont des détails. Ils sont des fils qu'il m'est possible de tirer pour amener d'autres souvenirs.

Après Sophie, j'entre dans l'âge d'homme. Trois événements me le prouvent : j'ai treize ans, une mobylette, et je vais voir *Halloween II* au cinéma. *Interdit aux moins de 13 ans*. Ça y est, je me suis pris en main. La mobylette me donne une autonomie extraordinaire. J'ai la rage de vivre. Quant à *Halloween II*, c'est l'un des moments les plus flippants de mon existence. J'ai une peur bleue en voyant ce film où sont réunis mes pires cauchemars. Quel pied ! J'ai tellement adoré cette frayeur et d'avoir posé mes fesses devant un film qui, un an plus tôt, m'aurait été interdit. Treize ans, quoi. Frissons garantis. Bref, faudrait plus trop tarder à… se faire dépuceler ? À voir…

En attendant, je fais mes expériences, j'explore différentes techniques d'approche. Comment se faire remarquer par les filles ? Je ne manque pas d'idées, elles sont très classes : proposer à un ami de me piquer mon sac à dos à la cantine, de sorte que je puisse lui courir après avec fracas, et me faire repérer. Malheureusement, ces courses-poursuites n'intéressaient personne. Moi, je les trouvais très originales !

Je suis donc indépendant, cinéma à Compiègne (*Les Dianes, Les 3 Artels*), bals du village, je parcours Verberie jusqu'à m'aventurer dans les bleds voisins à mobylette… et arrive l'époque du quart d'heure américain, un temps que les moins de quarante ans ne peuvent pas connaître. J'explique : autrefois, il y avait les surprises-parties. Années soixante. Vingt ans plus tard, il y a eu les boums. Années quatre-vingt. Et de tout temps, il y a eu les slows, une musique tendre sur laquelle un couple tendrement enlacé fait connaissance. Hélas ! le slow n'existe plus. Je ne m'explique pas cette disparition. C'était une formidable occasion de rouler des pelles.

À Verberie, en général c'est le garçon qui invite. Mais parfois, pendant un quart d'heure, on renverse les règles. C'est au tour des filles, c'est le quart d'heure américain. À nous les garçons d'être un morceau de viande assis sur un banc, et d'attendre qu'une cavalière veuille bien jeter son dévolu sur nous. Sauf que ça n'arrive (presque) jamais… Comble de stress pour moi, je dois attendre, lâcher prise, me laisser choisir (à supposer que je le sois). Or oui, à cette époque, le lâcher-prise et moi, ça fait plus que trois. Encore ce besoin de tout organiser à l'avance, de faire reculer l'incertitude qui vous met en danger. Donc moi, je prévois tout. Alors, se retrouver dans un bal pendant le quart d'heure américain, privé de toute initiative, un cauchemar.

J'ai le souvenir d'une bande de mecs qui, pour faire bonne figure, disaient à qui veut l'entendre : *Ah ! Ah ! Ah ! De toute façon on n'en a rien à foutre !* Ce qu'il faut traduire par : *Pourvu qu'elle m'invite, pourvu qu'elle m'invite, mon Dieu faites qu'elle m'invite !* Mais aucun ne jette l'hameçon. Alors que pour elles aussi, c'est sacrément intimidant, ce premier pas. En résumé, le quart d'heure américain est une torture pour tous les sexes, et presque toujours un échec. Et il faut bien se l'avouer, les autres quarts d'heure aussi sont un supplice : une fois que tu as trouvé le courage d'inviter une fille, et qu'il faut danser ce foutu délicieux slow, tu ne sais pas où mettre tes mains, tu hésites sur la distance à laisser entre ton buste et sa poitrine : quarante centimètres ? Cinquante-trois centimètres ? Soixante-dix-sept centimètres ? Alors tu poses tes mains sur ses hanches, tu sens que ça ne va pas, tu les remontes un peu plus haut, mais là tu rencontres son soutien-gorge, hop, tu redescends, malheureusement tu tombes sur une fesse. Au final, tu t'agrippes à ses épaules, et tu as l'air d'un con. Un con d'hypersensible dont le cœur bat à deux mille à l'heure. N'empêche. Je regrette l'époque des slows.

– 25 –

Base-jump de l'amour

Passons aux choses sérieuses. Saria, donc. Officiellement, elle est la première avec qui je fais l'amour. Je suis au lycée, en classe de première. Saria est mi-tunisienne, mi-française, et surtout la meilleure amie de Laetitia, pour qui j'ai le béguin. Oui, c'est pour Laetitia que j'en pince. Mais c'est Saria qui profite d'une récréation pour venir me voir, et tout de go, elle me fait : *Dis-donc, est-ce que tu sais embrasser ?* Pas démonté, même un peu gonflé, je lui réponds : *Évidemment !* Perplexe, elle me fait : *Bon, on va quand même vérifier.*

Et là, elle me roule une énorme gamelle. Elle embrasse tellement bien que je réalise enfin que c'est avec elle que je dois sortir, pas avec Laetitia. Au grand dam de Laetitia, je me mets à fréquenter Saria. Laetitia nous en veut beaucoup. D'autant que quelque temps plus tard, Saria et moi découvrons le plaisir charnel. Et nous en sommes émerveillés.

Pour être tout à fait franc avec vous, Saria n'est pas ma vraie première fois. Avant, il y a eu une rencontre furtive. Elle est arrivée en Haïti, où mes parents m'ont expédié pour m'éloigner de ma mère et me rapprocher de mon père. J'ai fini chez mon oncle, dont la très jeune épouse m'orientera vers le théâtre. Pétion-Ville, donc, quartier résidentiel de Port-au-Prince. J'ai seize ans, je suis en première, c'est décidé : le moment est venu de passer ce cap important. Comment faire ? Les opportunités ne sont pas très nombreuses, je suis au lycée français de Port-au-Prince, bof, bof… ça ne va pas le faire.

Mais il y a les prostituées ! J'avoue, cette idée ne m'emballe pas follement. Totalement incongru, et interdit à l'époque, mais aussi inenvisageable pour ma famille. Ils ne sont ni puritains ni protestants, mais quand même très catholiques. Ta-bou. Et pour moi synonyme de culpabilité. Oui, encore elle. À l'époque, je ne sais pas m'en débarrasser, je me traînerai cette auto-accusation pendant une vingtaine d'années. Vingt ans de silence sur ce déflorage pas très catholique. Ce n'est qu'à l'âge de trente ans que j'ai été en capacité de révéler ce *secret* autrement qu'à mes amis d'enfance. Ce secret, quel est-il alors ?

Eh bien, nous sommes au milieu des années quatre-vingt du siècle dernier, le sida explose partout dans le monde et Haïti est l'un des premiers pays à avoir été touché. C'est dans ce contexte sympathique que je veux être déniaisé. Précision importante, à l'époque, je me rends à l'école en voiture. J'ai déjà mon permis, même si c'est un bout de papier sans photo. Possible, en Haïti.

C'est donc au volant d'une Honda Accord, empruntée à ma grand-mère, que je repère une prostituée sur la route. Elle est là, sur le chemin de l'école et de l'Accord, tous les jours. Très éloignée de mon type : pour le coup, ce n'est pas une poupée, c'est une femme.

Magnifique, sculpturale, longue et la poitrine généreuse, elle me rend fou. *Ce n'est pas possible*, me dis-je du haut de mes seize ans, *il faut que je passe à l'acte*.

Il me semble que j'ai vécu ce moment d'une manière très caractéristique des hypersensibles. Tu décides de prendre les choses en main, tu ne peux pas y couper, il va falloir que ça se passe, tu ne pourras pas gérer la frustration. Et puis se démerder tout seul, parce que ça ne va pas me tomber tout cuit du ciel. Et l'impatience.

Un soir, malgré le danger sanitaire, j'y vais. Mon oncle, gynécologue-obstétricien, m'a offert une boîte de préservatifs, et en bon hypersensible perfectionniste et hypocondriaque, je me résous non pas à en mettre un, mais d'en enfiler deux. (Je ne recommande pas, en plus ça ne sert strictement à rien.) Au volant de la Honda bleu métallisé (quand je vous disais que je me rappelais les détails), je vais voir cette femme, avec la peur au ventre. Aussi parce que j'ai peur du sida… Les hypersensibles ont peur de beaucoup de choses. J'avais peur de beaucoup de choses. Le moindre petit moustique peut déclencher une phobie de la malaria. Les maladies, toutes, m'angoissent. Qui dit maladie dit mort. Qui dit dépucelage dit… sida ? Pour le coup, il me semble braver un vrai danger. Mais l'hypersensible est plein de contradictions, il a peur de tout, mais il est aussi capable de tout. Il est capable de faire du base-jump pour avoir des émotions fortes, car il est à l'affût de ce genre de sensations. C'est vrai, il est aussi capable de refuser de sauter en parachute. Paradoxes… Mais se donner des défis dans la vie, se prouver qu'il peut faire un tas de choses dingues (ou pas) fait partie de la quête de l'hypersensible. Offrir sa virginité à une prostituée en Haïti aussi !

Ce chercheur d'adrénaline n'est pas fait pour s'ennuyer. Le goût du risque fait aussi partie de l'équation. Donc, base-jump de l'amour, sauf qu'à la place de l'élastique, je mets deux préservatifs.

Inutile de vous décrire mon état émotionnel et, comme vous pouvez l'imaginer, ça se passe mal, en moins de dix minutes. J'en ai un souvenir furtif. Malgré la satisfaction de l'avoir fait, je ne suis pas fier de moi en sortant de là. Toujours cette culpabilité judéo-chrétienne et familiale. Mais bon, ça y est, je ne suis plus puceau. Pourtant… aller voir des prostituées ? C'est chaud, quand même. Dans ma vie, j'ai enfreint quelques tabous.

J'en ai parlé une première fois à mes amis d'enfance, les Kidnapper's, un ou deux ans plus tard. Cette expérience a été fondatrice dans le sens où, ce jour-là, j'ai fait un choix d'homme : personne d'autre que moi ne m'y avait poussé. En quelque sorte, en enfreignant ce tabou, j'avais pris mon indépendance. Je n'en tire ni honte ni fierté, mais cet épisode fait partie de mon histoire, un peu comme les hommes qui se déniaisaient anciennement, ou dans les films de Truffaut. C'était la première et la dernière fois. J'avoue que je n'ai plus envie de recommencer. Je n'ai rien contre la prostitution. En revanche, j'ai un souci avec ceux qui exploitent ceux et celles qui la pratiquent.

Mais c'est vrai, j'ai été long à en parler. Mon jardin secret, vous vous souvenez ? Ne pas tout dévoiler… Pourquoi ? Parce qu'on a du mal à exprimer ses désirs, par crainte aussi de déranger, ou la peur de se sentir redevable. Finalement l'hypersensible fait souvent les choses par lui-même sans rien demander à personne. Étant donné son niveau de patience très bas, il doit impérieusement passer à l'acte, parce qu'il n'est capable de gérer ni le temps ni la frustration. Donc, action !

La frustration

Le sentiment de frustration est un sentiment que l'on retrouve régulièrement chez les enfants hypersensibles. Généralement, cela passe avec l'âge, avec le temps ou avec la compréhension de leur fonctionnement. Cependant, des situations ravivent ce sentiment de frustration. Chez l'enfant, il peut être confondu avec un caprice, un manque d'éducation ou de l'impatience. Plus tard, il est taxé de susceptibilité.

Seulement il n'en est rien. La frustration est quelque chose de bien plus profond et de bien plus ancré. C'est la manifestation physique d'un désordre, d'une confusion, ou d'une contradiction avec ses valeurs. Prenons le désir de perfection, par exemple : si l'hypersensible ne l'atteint pas, il est immédiatement submergé par la frustration. Lorsque l'hypersensible ressent un sentiment de frustration, cela veut dire qu'une valeur est en jeu. Il a un besoin de congruence entre ses valeurs et ce qu'il expérimente. Pour tout être humain, lorsqu'une valeur est touchée, il se produit une réaction instantanée du corps. Il en va de même avec l'injustice. Le sentiment d'injustice déclenche chez la personne hypersensible une réaction physique spontanée, une émotion vive telle que la colère. Apprendre à connaître ses valeurs, à en parler, à les identifier, et concevoir que les autres peuvent en avoir des différentes, permet d'assouplir son sentiment de frustration avec le temps.

– 26 –

Vite, en couple !

En bon hypersensible, je me suis mis en couple de façon sérieuse très vite. À dix-sept, dix-huit ans, j'étais en quête de sécurité pour compenser mon enfance et mon adolescence chaotiques… celles où je vivais ma vie à Verberie, à Miami, ou en Haïti !

Je tenais à tout prix à devenir un adulte standard. Vivre comme un adulte s'apparentait pour moi à vivre dans un cocon rassurant. Mon couple le fabriquerait. Je n'ai pas façonné ce refuge consciemment. Il s'agissait d'un réflexe plus que d'un choix. Un réflexe de protection.

Céline, ma petite amie de l'époque, était très certainement une hypersensible, elle aussi. Je n'en avais aucune idée alors, malgré son côté déstructuré, qui me plaisait. Nous sommes en 1986, et Céline se passionne pour la politique. Elle m'embarque dans les manifestations lycéennes contre le projet de loi Devaquet (souvenez-vous, la révélation du mégaphone). De grands idéaux l'animent, elle écoute Léo Ferré et Jacques Higelin, elle est plus mature que moi. Elle fume des pétards, boit sans complexes… Moi, je suis le garçon sage et bien rangé, très attiré par les personnes qui prennent des risques. Sa vie sans filet me paraît irrésistible. Mais curieusement, quand on se retrouve ensemble, le côté aventureux se dissipe. Beaucoup de temps se passe à flemmarder au lit, une relation classique se met en place, bien cadrée. Vue d'aujourd'hui, je dirais qu'elle ressemblait à une maison en carton, avec une bulle à l'intérieur où Céline et moi nous sommes enfermés. On en sort quelquefois, nous avons des activités très fusionnelles. Trop fusionnelles. De façon inconsciente, nous cherchons à créer une vie qui ne correspond pas à notre âge, mais qui rassure les hypersensibles que nous sommes. C'est encore cette histoire d'armure. Enfant, l'hypersensible s'en construit déjà une, et arrivé à l'âge adulte il la double d'une nouvelle ! Au bout d'un moment, on étouffe. De l'air !

Mon père, qui ne me parlait jamais, me dit à cette époque : *Tu sais, tu as vingt ans, tu n'es pas obligé de te mettre en couple si tôt.* J'en avais été frappé, car mon père n'abordait jamais les questions intimes. Moins encore les relations amoureuses. En tout cas, j'ai fini par me rendre compte que je n'étais pas fait pour ce schéma : en réalité, Céline et moi, nous nous ennuyions ensemble. J'ai voulu ce train-train pour me sentir en sécurité, mais la routine ne me va pas. Trop de choses envisagées à l'avance. Par moi ! Je me trouve dans cette contradiction où j'ai besoin d'un cocon tout en voulant y échapper. J'aspire à la stabilité, et au bout du compte, elle m'oppresse.

On se quitte.

Céline avait un charme fou. Une femme enfant aux yeux en amande.

Après Céline, j'ai vécu des relations dans lesquelles je ne cherchais pas véritablement une histoire, mais plutôt un format. L'hypersensible dans toute sa splendeur, il ne se laisse pas porter, ne parvient pas à lâcher prise pour vivre ses amours sans s'inquiéter. C'était toujours le même processus : un couple bien rangé se forme et, au bout de quelque temps, le format ne convient pas, alors rupture.

Je n'ai pas accumulé les rencontres, mais à chaque nouvelle femme, je reproduisais le même schéma. Jusqu'à ce que je rencontre une hypersensible qui a partagé neuf ans de mon existence.

Marina fonctionnait à peu près comme moi. Stabilité et renouvellement, nous avions besoin de l'un autant que de l'autre. On s'est rencontré au Cours Florent, à Paris. Isabelle Nanty nous enseignait le théâtre, nous étions dans la même classe. Très vite, on est tombé amoureux. On s'est installé dans le 6e arrondissement, dans l'appartement que nous louait sa tante. La vie à deux s'est faite de façon très naturelle, très fluide. Il s'est instauré entre elle et moi un bel équilibre, une sorte d'autorégulation. Jamais nous n'avons été en conflit. Je m'entendais très bien avec sa famille, elle était bien intégrée dans la mienne. Cette fluidité était probablement due à notre hypersensibilité partagée. Nous avions les mêmes routines… mais pas sur tous les plans ! Ainsi, Marina n'était pas une lève-tôt. Moi qui suis frais dès 6 heures du matin, pas question de lui adresser la parole avant 13 heures. En dehors de ça, nous étions aussi indépendants l'un que l'autre : vivant sous le même toit, on s'autorisait à s'isoler – toi le salon, moi la cuisine ! –, quelle que soit la raison. Il nous était possible de ne pas nous croiser, sans avoir besoin de nous l'expliquer ni de le justifier. Tout était simple. Jusqu'aux tâches ménagères, où la répartition était claire, et sur les questions de budget, où la règle était d'une simplicité biblique : 50-50. On ne se posait pas de questions.

Cette histoire a duré parce qu'on s'aimait, mais aussi parce qu'on était hypersensibles tous les deux. Le problème, lorsque deux hypersensibles forment un couple, c'est que l'entente est si parfaite qu'on finit par devenir (presque) frère et sœur. Des sortes de jumeaux aux manies similaires, aux rythmes quasi identiques. Une relation a besoin de carburant. Il peut s'agir de changements géographiques, de l'arrivée d'un enfant, d'une crise qui débouche sur un renouvellement. D'un tas de choses ! Mon histoire avec Marina en a manqué à un moment donné. On s'est laissé porter, et un jour on s'est réveillé. Tiens, j'ai l'impression qu'on ne s'aime plus ! Petit à petit, l'amour laisse place à une très grande tendresse. Il est temps qu'on s'arrête : plus de raison de vivre ensemble, quand on devient des jumeaux !

Au bout de huit ou neuf ans, on s'est séparé en douceur.

Marina a été ma première relation d'adulte. Elle était d'une gaieté incroyable, une femme enfant, elle aussi. On s'est séparé après la Coupe du monde de 1998.

Par la suite est venue se greffer l'expérience Robins des Bois. Marina et moi avons travaillé ensemble dans la troupe sans aucun problème, et nous avons continué à la télévision et au cinéma, notre relation s'étant complètement transformée. Elle joue mon amoureuse dans mon premier film, *Casablanca Driver*, où nous partageons des scènes assez étranges, notamment ce moment où je lui balance de la crème sur le visage. Et ce passage assez poétique où nous sommes tous les deux assis sur une terre remplie de fleurs.

J'ai vingt-neuf ans quand on se quitte, j'aborde la trentaine avec un autre état d'esprit : à vingt ans, je cherchais la stabilité, à trente j'aspire à l'inverse.

Les relations amoureuses

L'amour est à la fois le point central et un sujet sensible pour l'hypersensible.

C'est souvent ce qui va contribuer à son bien-être ou générer chez lui de l'anxiété. Nous pourrions dire que chez les personnes hypersensibles, c'est plus le cœur qui dirige que le mental. Comme nous l'explique Maurice, ce n'est pas la quantité des rencontres qui leur importe, mais l'intensité. Généralement, un hypersensible tombe amoureux d'une manière très intense.

Ils sont fervents et entiers, par conséquent, leurs histoires d'amour sont de véritables passions. Peu importe la durée de la relation, elle déploie une puissante exaltation.

Le propre de la personne hypersensible est de ressentir les choses de manière démultipliée, alors, lorsque l'hypersensible tombe amoureux, c'est l'explosion des sens. Tout le corps est en surexcitation. La vue, l'ouïe, l'odorat, le toucher, le goût, il vit sa relation amoureuse comme un feu d'artifice sensoriel. Chaque rencontre va d'abord être nourrie mentalement par l'anticipation de ce qu'il pourrait se passer. L'histoire d'amour est vécue une première fois à travers son imaginaire. Il peut rêver des heures à sa première rencontre avec la personne tant désirée. C'est d'abord dans sa tête que se joue la musique du désir amoureux.

Seulement il peut aussi parfois ne jamais passer à l'acte. Il y a un tel amour de l'amour chez un hypersensible que parfois il préfère s'abstenir de vivre une histoire, de peur d'être déçu par la réalité, ou que cela ne se passe pas comme il l'avait imaginé. Sa capacité d'imagination est telle que l'histoire qu'il s'en fait lui est parfois suffisante.

Néanmoins, lorsqu'il passe à l'acte, tout prend une très grande importance. Chaque main qui se touche, chaque regard qui se pose, chaque odeur ou tonalité de voix provoque une effusion des sens. Arrive immédiatement une diffusion d'hormones qui accentue la sensation d'extase, de bien-être, de désir et d'amour de manière plus intense encore. Ces premiers moments d'excitation des sens, ces premiers rendez-vous, ces premières rencontres procurent aussi un foisonnement de connexions mentales qui entraînent un nombre incalculable de questions.

Quoique, parfois, un contact physique moite, une odeur désagréable ou une sonorité de voix stridente puissent très vite stopper l'élan de l'hypersensible...

Vous l'aurez compris, être hypersensible, c'est aussi vivre les moments agréables de la vie avec une plus grande intensité. Tout le monde pourrait avoir envie d'être hypersensible pour vivre ce degré d'exaltation des sens et de la sensualité. Il est certain que dans ces moments-là de la vie, c'est un réel bonheur d'être hypersensible ou d'avoir une relation amoureuse avec un hypersensible. Mais, durant ma pratique, j'ai pu observer que les hypersensibles ne sont pas tous des êtres romantiques, délicats, prévenants, affectueux, tendres et passionnés. Il y en a qui se montrent introvertis, réservés, indépendants, qui sont même considérés comme froids, ce qui est en fait une manière de se protéger.

Aussi, pour de nombreux hypersensibles, les relations amoureuses sont compliquées. Certains sont encombrés par leur hypersensibilité. Elle est pour eux une source d'embarras, d'angoisses et ils essayent de la cacher. Ce qui est plus fréquent encore chez les hommes hypersensibles.

En effet, depuis des siècles, l'homme est assujetti à l'image du chasseur qui rapporte la nourriture au foyer. Il doit donc être fort, insensible, combattant, et sentir le mâle. Alors forcément, l'image de l'homme sensible ne s'accorde pas trop avec cette représentation ancestrale. Par ailleurs, la sensibilité peut aussi être confondue avec le genre et être un trait de caractère plus souvent attribué aux femmes. Seulement, la préhistoire n'est plus, et l'homme peut revenir de chez Monoprix avec le dîner. Alors, messieurs, autorisez-vous à être qui vous êtes, c'est-à-dire un être sensible au sens premier du terme : « Qui a les sens hautement développés ».

De ce fait, les femmes ont moins besoin de cacher leur hypersensibilité et l'assument davantage. Certaines femmes hypersensibles réussissent à vivre une relation amoureuse durable avec une personne bienveillante, aimante, structurante et sécurisante, d'autres mettent du temps à rencontrer l'âme sœur, mais de trop nombreuses femmes hypersensibles font des rencontres vampirisantes ou destructrices. Elles sont ébranlées, voire parfois détruites par une ou plusieurs relations amoureuses dévastatrices, et préfèrent rester seules. Elles ont trop de difficultés à refaire confiance à quelqu'un et à l'amour.

Du fait de leurs sens plus développés, hommes et femmes hypersensibles vivent des expériences amoureuses plus intenses. La personne hypersensible s'engage et s'investit souvent très rapidement dans une relation affective, proportionnellement à l'intensité de ses émotions. Même si elle a l'impression de prendre son temps, il n'en est rien et elle se retrouve parfois désillusionnée – elle a beaucoup à donner et s'épanouit à pouvoir le faire, et peut attendre aussi beaucoup en retour… – ou prisonnière d'un manipulateur.

Certains hypersensibles qui ont apprivoisé leur fonctionnement particulier l'acceptent, l'assument et en tiennent compte dans leur quotidien, font alors le choix d'être en couple tout en habitant chacun chez soi. C'est le cas de Judith Orloff, l'auteure de *Guide de survie des hypersensibles empathiques*. Vivre seul ne signifie pas pour autant être seul sur le plan amoureux. C'est principalement une solution efficace pour conserver son propre espace, ses habitudes fonctionnelles et ne pas être contrarié ou contrarier l'autre avec les petites habitudes du quotidien.

En tout cas, prendre son temps dans le début d'une rencontre est la clé d'une relation épanouie. Avant de s'engager et de s'investir trop rapidement dans une relation amoureuse au risque de la mettre en péril, mieux vaut apprendre à bien connaître la personne avec laquelle on s'apprête à s'engager, et vérifier qu'elle saura vivre avec une personne hypersensible, et inversement que vous saurez vivre avec elle.

– 27 –

Tess et moi, on va jouer au bowling

J'ai trente ans. Ma maturité et mon épanouissement professionnel me grisent, je me lance dans des relations amoureuses plutôt courtes. Je suis loin d'être un collectionneur, mais mon milieu artistique facilite les rencontres. Et je ne suis plus à la recherche d'une liaison fixe et rassurante. Étant donné mon passif, et les paradoxes de mon hypersensibilité, j'ai tendance à penser que je ne suis pas fait pour le couple. J'opte pour le renouvellement, exclusivement.

Les histoires d'amour ont un côté grisant et tout à la fois effrayant : c'est une perte de contrôle et on le sait, l'hypersensible a beaucoup de mal à lâcher prise. Rencontrer quelqu'un est un moyen de se créer des émotions fortes, mais c'est aussi une prise de risque. Les extravertis foncent tête baissée, les introvertis observent plus qu'ils ne vivent. Je suis les deux, mon général !

Avec le recul, je dois dire que j'ai adoré mes trente, trente-cinq ans. Je me sens bien dans ma peau, libre, mon boulot me va tout à fait, on travaille beaucoup, avec les Robins, mais on s'amuse aussi énormément.

Pourtant, dans cette période riche à tous points de vue, aussi bien sur le plan professionnel que personnel, quelque chose me manque : le sens. C'est idiot, non ? Peut-être pas tant que ça. Ce n'est pas pour rien que les Monty Python en ont fait un film : *Le Sens de la vie*.

Au début de ma trentaine, je ne me pose pas réellement la question : plaisir et légèreté, c'est ma philosophie. Mais à trente-cinq ans, je viens d'écrire le film *Papa* et la paternité me travaille... Les horloges biologiques ne seraient-elles pas aussi masculines ? Ou hermaphrodites... Je vis alors une relation sérieuse depuis un an avec Émilie, une hypersensible avec qui tout se passe très bien, une relation nourrie de beaucoup de douceur, mais peut-être trop.

Et tout à coup, Judith. Je la rencontre lors d'un dîner. Son côté flamboyant m'attire immédiatement. C'est une actrice connue, je ne résiste pas à son humour, sa drôlerie et ses répliques percutantes. L'attirance est réciproque. Je n'en reviens pas ! Qu'une femme si lumineuse s'intéresse au petit ver de terre que je suis me flatte d'autant qu'en bon hypersensible mon estime de moi est à moins vingt. N'empêche, le ver de terre se dit qu'il est peut-être temps de donner du sens à sa vie ? Devenir père, devenir un vrai adulte. Et je me projette avec Judith. Y aller les yeux fermés, se jeter à l'eau et se laisser porter par le courant ! Notre relation démarre très vite, sur des chapeaux de roues. Oui, Judith est tout ce que je recherche, j'en suis tout ébloui. Déjà mère, elle a une forme de maturité que j'admire. Elle fait partie de mon milieu, c'est un plus. Et elle est séduisante. Impossible de passer à côté d'une telle évidence : elle coche un tas de cases, pour ne pas dire toutes.

Donc, je plonge et je replonge et je re-replonge, c'est une attirance magnétique dont il ne m'est pas possible de revenir. Au point que je mets fin à ma relation avec Émilie. L'hypersensible est tout feu tout flamme… Pardon, Émilie !

Pourtant, dès les premiers jours, tous les voyants se sont allumés au rouge. Je dois bien l'avouer, j'ai eu la trouille, mon intuition me disait : *N'y va pas ! Ne plonge pas ! Maurice ! Reviens !* Pourquoi ? Je ne sais pas exactement. Une appréhension en tout cas, peut-être la peur de l'inconnu. Ne l'oublions pas, les hypersensibles peuvent être extravertis, introvertis, ou les deux. Moi, j'ai le goût du risque, mais j'y suis aussi allergique. Mon côté trouillard peut prendre le dessus sur mon côté tête brûlée.

J'ai aussi beaucoup d'intuition… Et là, quelque chose me retient. Je confie mes doutes à Judith, qui n'en a aucun. Elle me prend par la main, je plonge, et je replonge, et je ne me pose plus la question de revenir en arrière, ou de remonter à la surface.

Dix mois plus tard, Tess est née. Pour elle, ça valait la peine de précipiter les choses comme nous l'avons fait. Après la naissance de Tess, j'ai refusé le rôle-titre dans *Astérix*. Je crois que c'était le n° 3. Un pivot important, dans une carrière d'acteur, mais Judith et moi ne voulions pas que je m'éloigne de la maison pendant six mois. Je suis passé pour un dingue d'avoir refusé cette occasion. Certes. Mais rien ne vaut les premiers mois de son enfant. Alors, pendant neuf ans, je me suis essentiellement consacré à la famille que nous formions. Et notre histoire s'est peu à peu terminée. *Low Cost*, que j'ai réalisé en 2011, est une photographie de cette situation, telle que je l'ai ressentie à l'époque.

J'avais l'impression d'être bloqué, sans moteur pour relancer notre couple, et nous nous sommes séparés. Au sortir de cette relation, complètement essoré, je me méfie de tout, en particulier des femmes. C'est stupide, je sais. Mais c'est plus fort que moi. Le retour de l'armure XXL. Mon hypersensibilité est exacerbée, pour un peu, je marcherais presque à reculons devant tout ce qui s'apparente à une situation risquée.

À l'état de loque, je ne me sens pas en capacité de vivre une nouvelle histoire, je n'ai plus d'envies, je n'ai plus goût à grand-chose. Complètement déconnecté. J'éprouve beaucoup de culpabilité vis-à-vis de Tess, cette peur de ne pas bien faire qui me colle à la peau. Je voudrais que tout soit parfait, pour Tess. Et aussi, j'ai peur qu'elle s'éloigne de moi, que nous nous perdions. J'ai le sentiment d'être dans un no man's land. Je suis KO pendant une bonne année.

Au bout du compte, je vais m'allonger chez ma psy (vous vous rappelez, la dormeuse ?). Je veux récupérer tous les morceaux de Maurice qui sont éparpillés. Et je rassemble le puzzle. Lectures, psychothérapie, hypnothérapie, EFT et autres déprogrammations. Vous connaissez par cœur.

Aujourd'hui, à cinquante et un ans, je suis bien.

Judith et Tess sont parties aux États-Unis ! Je vis sans ma fille à Paris. Parfois, je prends l'avion pour la retrouver. Et Tess et moi, on va jouer au bowling.

– 28 –

Casablanca Driver, c'est (presque) moi

Après coup, je me suis rendu compte que chacun de mes films correspondait à une période de ma vie. Avec, toujours en arrière-plan, l'hypersensibilité. Elle peut être un caractère donné à un personnage, une métaphore, un sujet…

Mon premier film, *Casablanca Driver*, est un véritable film d'hypersensible : j'y raconte le parcours d'un personnage complètement inadapté à la société. Il s'agit d'un boxeur, le plus mauvais de tous les temps. Pas bon du tout… Ce n'est pas moi, bien sûr. Mais il est très proche de moi. Ses comportements, la plupart du temps, sont à la limite de l'autisme.

Petite parenthèse sur l'autisme, du moins tel que je le perçois, parce que parfois, j'ai l'impression d'en être un cousin éloigné. L'introversion peut être un point commun, du moins il me semble, sachant que 80 % des hypersensibles seraient introvertis, 20 % extravertis. L'exacerbation des sens, et de la sensibilité, me paraît un autre cousinage : les autistes aussi sont agressés par le monde qui les entoure et les informations qu'ils reçoivent, mais sans doute beaucoup plus que les hypersensibles. Le monde de l'imaginaire est aussi assez prégnant chez les autistes qui ont leur monde à eux, comme les hypersensibles. Une forme d'intelligence particulière les caractérise également. Les autistes Asperger ont des capacités de calcul incroyable, ou des facilités pour la musique phénoménales. On retrouve ici quelques traits des « hauts potentiels » d'une catégorie d'hypersensibles, dont découle un très grand niveau d'exigence vis-à-vis d'eux-mêmes. Ce foutu perfectionnisme. Il me semble aussi que nombre d'autistes développent des relations très fortes avec les animaux. Nous aussi. Je ne vous ai pas encore parlé des chats Prosper et Polika ? J'y viendrai. Polika a été un grand ami pour moi… Bref, il y a comme des passerelles entre les autistes et les hypersensibles. On pourrait presque se tendre la main et se comprendre sans un mot : des cousins éloignés, non ?

Je ne suis pas un pro et je me rends bien compte qu'ils ne sont pas assimilables à des hypersensibles, et réciproquement. En particulier, l'hypersensible, même introverti, est mieux sociabilisé, en capacité d'intégrer et d'appliquer les codes de vie en société. Mais Casablanca Driver… pas du tout ! Pour le coup, il est en totale déconnexion avec le monde et les autres. Occasion pour moi de parler de dualité, la mienne, qui m'a fait me sentir en décalage pendant toute mon enfance. Je n'ai pas choisi la figure du boxeur – et le plus mauvais – par hasard. À l'époque déjà, je raconte quelque chose de l'hypersensibilité sans m'en rendre compte. Le type qui se bat constamment pour ne pas être bouffé par son manque de confiance et d'estime de lui-même, c'est à la fois Casablanca Driver et moi.

Lui perd à la fin. C'est ainsi que je m'imaginais et que je vivais alors.

Casablanca Driver met donc en scène ce personnage hypersensible à la limite de l'autisme, tel que je l'ai interprété. Ajoutez-y qu'il parle une langue très particulière… personne ne saisit ce mélange de français et d'espagnol. J'ai puisé ce trait de caractère chez mon beau-père, le second mari de ma mère. Guillermo était cubain, il ne parlait pas français mais le « Guillermo », une langue dont il était persuadé qu'elle était française. Il était le seul à le croire, et le seul à ne pas se rendre compte que personne n'y entendait rien, même si tout le monde acquiesçait poliment chaque fois qu'il prononçait un mot. J'utilise le Guillermo dans *Casablanca Driver*. Mélange réjouissant et très adapté à un hypersensible un poil autiste…

Pour ce film, j'ai été très inspiré par un documentaire américain, *When we were Kings*, qui relate l'histoire du combat entre Foreman et Mohamed Ali, à Kinshasa en 1974. Un formidable documentaire, primé aux Oscars, que je recommande chaudement et qui m'a énormément marqué. Après l'avoir vu, j'ai pensé : *Tiens, ce serait génial de faire un faux documentaire, non pas sur le meilleur boxeur de tous les temps, mais sur le plus mauvais*. Le boxeur me paraissait une bonne métaphore de l'hypersensible, c'est du moins ce que je dirais aujourd'hui, maintenant que j'ai pris conscience du rôle de l'hypersensibilité dans ma vie. Le boxeur, comme l'hypersensible, se bat pour gagner ce combat contre lui-même, et lutte pour exister. Il donne tout ce qu'il a. C'est presque une question de vie ou de mort.

Ma vie est en effet une succession de combats. Jusqu'à aujourd'hui, je m'estime comme un boxeur qui a eu la chance de remporter quelques victoires, mais qui doit encore lutter sur tous les plans. Professionnellement aussi, pour faire exister mes projets de films, convaincre des producteurs, des financiers, des chaînes de télévision, des distributeurs, des acteurs… J'en suis arrivé à faire des films moins souvent, mais ce sont toujours des films qui me ressemblent. De cette manière, je suis content s'ils marchent, et s'ils ne marchent pas, au moins j'aurai été fidèle à moi-même.

Au départ, je croyais avoir pris ce personnage de boxeur par hasard, mais le hasard, vous y croyez ? Moi, pas beaucoup. Le boxeur correspondait déjà à ma vision de moi-même, sauf qu'elle était inconsciente. Casablanca perd à la fin, parce que je m'interdis moralement de réussir. À l'époque, réussir, c'est pécher. Ce commandement est bien ancré dans mes gènes, héritage familial qu'on se traîne depuis plusieurs générations, en particulier du côté de mon père et de son milieu de catholiques lorrains, austères comme des protestants. Être heureux y est important, se donner les moyens de réussir également, mais y parvenir… c'est une autre question. Pas d'esbroufe ! J'ai été en rupture sur ce sujet avec ma famille à partir du moment où j'ai dit : *Je veux être acteur, je veux réussir mon métier, je veux gagner de l'argent, je veux me montrer*. Chez nous, ça ne se fait pas, réussir n'est pas un but dans la vie. Certes, j'ai été encouragé par ma tante quand j'ai démarré le théâtre, mais en tant qu'épouse de mon oncle maternel, elle était d'une autre famille et d'une génération plus moderne. Pour le côté catholique lorrain, faire un sketch avec les Robins des Bois et se retrouver à poil à la fin, c'était limite. De l'eau a coulé sous les ponts. Désormais, ils sont plutôt contents de me voir y arriver et font preuve de plus de tolérance. J'ai une immense affection pour ma famille lorraine.

L'hypersensible et sa relation au travail

Si l'amour constitue pour lui un point central, l'hypersensible a pour axe principal son activité professionnelle. C'est la direction que va prendre sa vie, et souvent ce qui contribue à son élévation ou à son effondrement. Ce qui lui permet de se lever chaque jour avec entrain et de rester debout, ou d'éprouver une sensation d'écrasement, d'être dans l'impossibilité d'avancer et de se construire. Pour certains hypersensibles, le parcours professionnel est un chemin tout tracé qu'ils démarrent très jeunes comme une évidence, mais pour la plupart, l'itinéraire peut être long et compliqué avant qu'ils ne trouvent leur place.

J'ai pu observer durant ma pratique qu'ils sont encore trop nombreux à ne pas faire le travail qu'ils aimeraient faire. Certains se rendent compte trop tard qu'ils n'ont pas été entendus, n'ont pas osé s'exprimer, ont voulu faire plaisir à un professeur, aux parents, ou qu'ils ont été contrariés au moment de leur orientation et se retrouvent dans une voie qui ne leur correspond pas. Imaginez, si Maurice avait écouté sa maman et suivi la formation en électronique... Ces personnes ont parfois déjà exercé plusieurs années un métier qui ne leur plaît que moyennement. D'autres, tout juste sorties de leurs études de droit, de communication ou de commerce, leur diplôme en poche, sont totalement désenchantées après un premier emploi, et se retrouvent littéralement désorientées.

On trouve des hypersensibles dans tous les secteurs d'activité. L'hypersensibilité n'étant pas un handicap, ils peuvent exercer tous les métiers selon que cela fait sens pour eux. Ils ont cependant certains terrains de prédilection. Ils brillent dans les métiers artistiques comme le théâtre, le cinéma, la musique, la peinture, la danse, le chant, qui leur permettront d'exprimer leur sensibilité au travers de leur art. Ils exercent volontiers aussi des professions où ils seront dans la relation d'aide : psychothérapeute, coach, thérapeute, naturopathe, professeur de yoga, de méditation ou de toute autre technique d'accompagnement. Poussés par leur créativité, ils réussissent également dans les domaines où ils pourront l'exprimer, tels l'artisanat, l'innovation, le développement, la création ou même le marketing. Nous pouvons par ailleurs trouver de nombreux hypersensibles dans certains secteurs qui demandent à être multitâche, comme les start-up, ou très rapide, comme trader, métier dans lequel leur vélocité d'esprit brille. Le droit, le commerce, la communication ou les relations humaines attirent également beaucoup de jeunes hypersensibles qui peuvent ainsi mettre à profit leur sens de la justice ou leur intérêt pour les autres. Seulement, la pression vécue dans certains de ces emplois est très forte, et dans ce cas, il est important qu'ils sachent se préserver et communiquer pour ne pas se laisser envahir par des demandes externes trop nombreuses ou qui ne seraient pas en harmonie avec leur nature. L'accroissement du télétravail depuis quelque temps peut être une option gagnante permettant des moments de travail qualitatif. L'hypersensible a une grande capacité de créativité, d'autonomie et d'organisation. De ce fait, c'est évidemment un excellent entrepreneur.

Les domaines d'activité les plus désertés par les personnes hypersensibles sont les emplois impliquant des tâches répétitives ou manquant de sens. Nous en trouvons très peu, sauf erreur d'orientation, parmi les comptables, planificateurs ou agents de sécurité... Ils ont tendance à fuir les métiers qui ne requièrent ni créativité ni réflexion. L'ennui leur est trop difficilement supportable, tout comme il l'est pour nombre d'entre eux sur les bancs de l'école.

Trop de personnes hypersensibles ne parviennent pas à trouver leur place professionnelle. Leur grande ouverture à une multitude d'activités, associée à leurs difficultés à faire des choix, les empêche parfois de prendre de bonnes décisions, ou tout simplement de prendre des décisions. Mal orientées, déçues – par l'activité professionnelle choisie initialement ou par les valeurs de l'entreprise en laquelle elles avaient fondé leurs espoirs –, elles sont malmenées par des petits chefs abusifs et méprisants, des relations malsaines avec des collègues qu'elles ont du mal à identifier ou à comprendre, ou encore en manque de reconnaissance... Parce qu'elles préfèrent partir plutôt que de rentrer en conflit, la désillusion s'installe au fil des multiples expériences et finit par les désenchanter, voire les projeter dans un état d'anxiété profond. Certaines personnes hypersensibles peuvent vivre une vie entière en errance professionnelle, à chercher leur place.

Au fil de ma pratique, j'ai pu constater que, peu importe finalement le secteur d'activité dans lequel se trouve une personne hypersensible, ce qui compte pour elle est le sens de son action. La cause dans laquelle elle va s'engager, investir son temps et son énergie, doit être juste et faire sens.

Seulement, elle ne perçoit pas toujours, à l'aube de sa carrière professionnelle, combien l'environnement dans lequel elle va se planter telle une graine est un choix à faire avec soin, et qu'une entreprise peut être une terre hostile.

Maurice Barthélemy exerce dans un environnement artistique créatif très favorable pour un hypersensible, mais aussi souvent semé d'embûches. Son parcours professionnel lui a permis d'affronter ses peurs et ses angoisses, mais aussi d'exprimer, au travers de son jeu d'acteur, son écriture et la réalisation, sa sensibilité et son potentiel multiple. C'est grâce à sa manière de voir les choses et d'entreprendre son métier avec rigueur, précision, sérieux, détermination et dépassement de soi qu'il a pu affronter progressivement chacune des étapes à franchir.

– 29 –

Papa, Low Cost, et la suite

Mon film *Papa* a marqué le début de ma paternité : le père et le fils y sont hypersensibles tous les deux, ils entretiennent des relations pudiques, communiquent par l'humour, adorent jouer, avec les mots par exemple. Le père se comporte de temps à autre comme un enfant, et l'enfant doit alors jouer l'adulte.

Quant à *Low Cost*, mon troisième film, il raconte la révolte de passagers dans un avion. Ne supportant plus d'y être enfermés, ils prennent les choses en main pour décoller par leurs propres moyens… tout ça pour se rendre compte qu'ils sont revenus au point de départ. C'est exactement ce que je vivais dans ma vie affective, sentiment d'enfermement et de révolte avec l'impression de revenir au point de départ chaque fois. Je ne fais pas le rapprochement à ce moment-là, parce que je n'en ai pas conscience. Bien que la comédie *Low Cost* me paraisse, avec le recul, plutôt sombre, elle correspond à mon état d'esprit du moment.

Jean-Paul Rouve y joue un personnage totalement angoissé, au métier particulier, espion industriel. Là, c'est le secret, le lien avec l'hypersensibilité.

Il est important, pour une personne hypersensible, de dissimuler un certain nombre de choses, d'avoir son jardin secret, ses moments à elle, ses histoires personnelles, des refuges dans des mondes qu'elle se crée, même si cela s'accompagne d'une véritable anxiété présente aussi chez l'espion de *Low Cost*.

Ensuite, *Pas très normales activités* arrive dans une période où je sors de… pas très normales activités, en particulier la séparation d'avec la mère de Tess. J'y raconte l'histoire d'un couple idéal, deux hypersensibles confrontés à une situation de stress, des phénomènes paranormaux pas très méchants puisqu'il s'agit de cochons fantômes… Mais tout de même… les phénomènes paranormaux renvoient à la question de la spiritualité. Je me la suis posée et c'est une préoccupation courante chez les hypersensibles : la quête de sens. Grâce à la tendresse et à la complicité qui les unit, mon couple idéal surmonte les difficultés paranormales. Pour le coup, je suis ici dans une forme de résilience par rapport à mon histoire amoureuse passée. Je la termine d'une manière positive.

Enfin, avec *Les Ex*, je fais la paix avec la mère de ma fille et celles qui ont précédé : nous sommes des ex, on ne s'aime plus, mais on s'est aimé, au nom de cet amour on se respecte. Je ne suis plus romantique depuis mes dix-sept ans. Mais je reste très fidèle à mes ex. Comme à mes amis, d'ailleurs. Si une étude américaine devait être faite sur cette question, je pense que j'obtiendrais un score de fidélité à… 70,3 %. Quelle que soit la durée de l'histoire, je garde le contact avec l'être aimé, ce contact est essentiel pour moi. Il ne s'agit pas d'un besoin de cumuler des ex, ou de me rassurer, mais le fait de ne plus avoir de nouvelles d'une personne dont j'ai partagé la vie, ne serait-ce que quelques semaines, m'est insupportable : toutes mes histoires ont contribué à l'homme que je suis devenu, j'y suis donc très attaché. Toutes les femmes de ma vie sont des briques qui m'ont construit. C'est ce que j'ai voulu dire dans *Les Ex*, loin du cliché qui consiste à les considérer comme des boulets ou des emmerdeuses. Loin aussi du stéréotype de la séparation douloureuse. La plupart du temps, je n'ai pas vécu mes ruptures dans la douleur, même si cela a pu m'arriver. Mais ce n'est pas un état que je cultive. La douleur et la haine sont des formes de liens malsains qui persistent, des sortes… d'addictions.

De prime abord, mes films semblent différents les uns des autres, pourtant chacun est une photographie de moi-même à un moment donné, dans un état donné, en général un état d'hypersensibilité.

Actuellement, je finis d'écrire mon prochain film, l'histoire d'un paysan de soixante ans. Fermé et obtus, bientôt à la retraite, il n'a pas beaucoup d'autres activités, hormis jouer aux cartes avec ses potes du bistrot. Taiseux, il parle très peu à sa femme, et un soir il surprend sa fille au lit avec le commis arabe. Pétage de câble, crise de racisme, le commis est viré. Le lendemain, notre héros fait un AVC, plonge dans le coma et, deux jours après, se réveille et ne parle plus qu'arabe… Le syndrome compulsif de la langue étrangère existe ! Il peut survenir à la suite d'un traumatisme crânien ou d'un coma. Les gens se mettent à parler une langue différente, avec laquelle ils ont été en contact auparavant. Parfois, c'est juste l'accent qui se modifie. Le cerveau dysfonctionne. Dans *L'Homme sans histoire*, ce paysan va découvrir son histoire, en particulier qu'il est lui-même le fils d'un commis arabe. À son tour alors de subir le racisme, le rejet, l'incompréhension.

Il ne s'agit pas à proprement parler d'un personnage hypersensible, mais d'un individu qui, à la suite de ce traumatisme, se retrouve en état d'hypersensibilité, de totale fragilité.

Les hypersensibles sont hyperforts, mais aussi hyperfragiles…

– 30 –

Cinquante ans pour découvrir qui je suis

Apaiser son hypersensibilité…

Récapitulons ma méthode de nettoyage.

Prenez une psy à base de canapé et de soixante-dix ans d'âge. Qu'elle dorme ou qu'elle fasse *Mmh, Mmh, Mmh*, allongez-vous deux ou trois années. Dites tout ce qui vous passe par la tête. N'hésitez pas à mater les vieilles dames dans la rue (mais il ne faut pas que ça dure plus d'un mois, sinon c'est l'asile).

Sélectionnez un hypnothérapeute à l'accent toulousain et au look d'attaché commercial. Exigez qu'il mange des gaufrettes en même temps qu'il vous parle. Attention, s'il ne prononce pas votre prénom tous les trois mots, c'est moins efficace. Quant aux gaufrettes, elles doivent être à la fraise, c'est impératif. Et ne craignez ni les mantras ni vos chakras.

Regardez sur Wikipédia la définition des acronymes EFT et EMDR. Une fois leur signification comprise, lancez-vous dans ces techniques de déprogrammation : mouvements oculaires et autres incantations vous aideront à reformater votre cerveau. Vous vous sentirez plus neuf qu'un iPhone reconditionné.

Faites de la sophrologie, mais pas avec votre sœur Clémentine parce que c'est votre sœur, et qu'en plus elle habite à Châlons (capitale du...).

Écoutez Eckhart Tolle : concentrez-vous sur le présent ! Tout en resserrant vos liens avec Haïti (ça marche aussi avec la Sarthe. Et on n'est pas obligé d'avoir une mère conteuse ou un père menuisier qui ont fait Sciences Po).

Profitez du confinement, même s'il vous plombe professionnellement ! Enfermez-vous dans votre appartement, faites le ménage dans toutes les pièces sans omettre votre tête, la plus spacieuse et la plus bordélique de votre chez-vous. Jardinez. Soignez votre vélo elliptique.

Intéressez-vous davantage aux autres et prenez plus de risques. N'ayez pas peur de présenter *Burger Quiz* !

On dira ce qu'on voudra, le remède ultime, c'est quand même l'amour.

Et les animaux.

À ce propos, j'adore les chats. Judith avait un maine coon quand on s'est connu, il s'appelait Prosper, c'était un très gros chat. Un jour, il a subitement une crise cardiaque. On le retrouve mort dans le salon. Ce sont des chats très fragiles du cœur. Aussitôt, on adopte un autre petit chat, que ma fille surnomme Polika. Pourquoi Polika ? Mystère. Elle devait avoir deux ans, on lui dit :

— Comment tu veux appeler le chat ?

— Polika.

Polika débarque dans une maison où habitent déjà deux chiens et un autre chat. Très indépendant, il a une passion pour l'eau courante. Il doit avoir des gènes de raton laveur ! Il est aussi fan de câbles électriques. Il les bouffe. Qu'il ne se soit jamais électrocuté relève du miracle. C'est un chat heureux. Un chat extraordinaire, énorme, aussi affectueux que XXL. Ses poils sont comme ceux des peluches, très doux. Polika est une espèce de grosse poupée… Pas méfiant, très câlin, l'ami idéal des hypersensibles. De tout le monde, d'ailleurs. Le voir au quotidien me rassurait énormément. C'était comme s'il me parlait : *Regarde comme ma vie est cool. Et toi ?* En s'endormant sur moi, il m'apportait apaisement et affection. Et quand il ne dormait pas, il se promenait et se frottait parfois contre moi, en me passant la queue sous le nez.

D'après ce que j'ai pu remarquer, les hypersensibles adorent les animaux. Une communication s'instaure, qui ne s'explique pas. Elle est presque télépathique. Peut-être est-ce lié à la très forte intuition que partagent les animaux et les hypersensibles. Ils ont des antennes, ils se captent mutuellement. Polika était mon allié. Il vit encore aujourd'hui, à Los Angeles. Il a obtenu la nationalité américaine.

Je ne sais pas combien de temps il me reste à vivre. Dire que j'en suis à la moitié de mon parcours serait présomptueux. Il faudrait que je vive cent deux ans… Mais j'ai quand même la nette impression que les cinquante premières années de ma vie m'ont permis de mieux saisir qui j'étais. Aujourd'hui, je crois connaître un peu mieux le type que je croise tous les matins devant mon miroir. Comment il fonctionne, quelles ont été ses erreurs, ses réussites… C'est chouette de trouver l'équilibre à cinquante ans. Tout en restant dans la quête du sens, bien sûr, qui ne passe d'ailleurs pas forcément par la réussite professionnelle.

J'ai fait des films, j'ai écrit, l'expérience des Robins a été formidable – Jean-Paul, Pef, Pascal, Élise et Marina sont des personnes que j'aime puissamment ! Tout cela aura été un enrichissement qui m'a construit. L'envie de travailler est encore forte, mais dans mon métier, depuis la crise sanitaire de la Covid, on se pose un tas de questions : comment va-t-on fabriquer des films dans les deux ans qui vont venir ? Un énorme chamboulement semble se préparer. Peut-être faudra-t-il se demander quoi faire d'autre, vers quoi aller. Il est sain, je crois, de se poser ce genre de questions. Dans tous les cas, le sens passe avant la réussite. Aujourd'hui, je suis moins obsédé par le fait de gagner ou de perdre. À trop vouloir gagner, on fait des mauvais choix… et on perd. Ce n'est pas la victoire qui compte, c'est le match. Si j'étais boxeur, comme Casablanca Driver, je penserais que l'important n'est pas d'anticiper une victoire ou une défaite, mais d'être dans le combat. Profiter de l'instant.

Et se consacrer un peu plus à d'autres causes que la sienne, s'ouvrir aux autres. OK, Maurice, maintenant tu sais grosso modo qui tu es, comment tu fonctionnes, ce qui te calme. Tu y es, le chapitre Maurice a été bien creusé, maintenant, passe à l'autre étape qui est tout ce qui n'est pas Maurice. L'extérieur, les autres, l'ailleurs.

Le conseil que je donnerais à un autre hypersensible ? Ne plus avoir peur. Vous vous êtes constitué une protection suffisante, qui existe. Inutile d'avoir peur, vous êtes protégé. Levez-vous tous les matins en vous disant : *Il faut que j'arrête d'avoir peur, il faut que j'arrête de me sentir coupable, parce que cette culpabilité m'empêche d'avancer.* Le jour où l'on pose l'autopunition sur le côté, et le jour où la peur s'envole, on se sent plus heureux. À partir de là, on sort de sa zone de confort, le monde se dévoile, on prend des risques… mesurés. Et on se dirige naturellement vers des relations simples et authentiques. Ça ne se fait pas en un jour. Le chemin peut être long. Aller vers quelque chose de plus vrai. Au-then-ti-ci-té.

Une source d'inspiration…

Maurice fait partie des personnes qui ont réussi à découvrir la richesse de leur hypersensibilité. Sa connaissance, sa compréhension et l'analyse de sa propre hypersensibilité lui permettent aujourd'hui de vivre en paix avec lui-même. Seulement, nous pouvons toutes et tous nous rendre compte que cela n'a pas été un long fleuve tranquille. Son expérience et son témoignage montrent que son chemin était aussi parsemé d'obstacles et de difficultés à surmonter. Son histoire inspirera, je l'espère, de nombreux hypersensibles qui doutent et leur donnera la perspective d'une possibilité de vivre en harmonie avec leur hypersensibilité. C'est accessible à tous les hypersensibles. La découverte de notre propre hypersensibilité est souvent une première étape vécue comme une découverte apaisante. La force arrive progressivement comme un muscle que l'on façonne graduellement avec l'acceptation, la compréhension, la croyance en son potentiel et une vie qui tient compte de notre hypersensibilité. Fort comme un hypersensible ! C'est possible…

Charlotte Wils

Rendez-vous

Si tu lis ces quelques lignes, ami lecteur, c'est que tu es allé au bout de ce livre. Merci. Beaucoup d'entre vous auront sans doute reconnu leurs propres traits de caractère dans ce récit. Parmi vous, certains vont rejeter la possibilité d'être hypersensibles, eux aussi. C'est normal. Et c'est tant mieux. Ça fait partie du processus. Tout le monde n'est pas hypersensible, mais une proportion d'environ 18 % de la population est concernée. Et ceux-là détestent précisément être mis dans une case. Sans compter leur manque de confiance, qui ne les aide pas à accepter leur différence. Ami lecteur… je ne te demande pas de l'accepter maintenant. Laisse mûrir. Et si l'idée ou le questionnement remonte en toi, renseigne-toi, lis sur le sujet, parles-en autour de toi. Interroge-toi aussi sur ton entourage. N'y aurait-il pas aussi des hypersensibles ? Consulte éventuellement un spécialiste, mais ne cherche pas forcément une validation. Sois-en convaincu. Comme il est écrit dans ce livre, quand on a le vertige, on ne se demande pas si on l'a. On l'a, c'est tout.

Fais-moi confiance, ami lecteur : découvrir son hypersensibilité est le plus beau des cadeaux. Tu vas comprendre que tu roules depuis toujours en seconde dans une voiture de course. Maintenant, tu vas pouvoir passer la quatrième, la cinquième, voire la sixième vitesse. Tu iras beaucoup plus vite et beaucoup plus loin.

Si tu as des questions, je me ferai un plaisir de te répondre via ma page Insta. Si ce livre est réédité dans trente ans, et que je n'ai plus d'Insta, cherche un petit endroit calme posé sur l'eau : je serai sûrement là, et je t'attendrai.

Je *vous* attendrai.

Remerciements

Je remercie Patty Beaumier qui m'a présenté à mon éditrice Margaux Russo, et la formidable équipe de chez Michel Lafon ; Bessora pour son écoute, sa bienveillance et son investissement ; Charlotte Wils pour sa confiance et ses conseils avisés ; mes parents, mes nombreuses sœurs, mon unique frère ; mes amis du dimanche soir et tous les hypersensibles qui m'entourent et font de ma vie un joyeux bordel.

Maurice Barthélemy

Je remercie très chaleureusement Maurice Barthélemy de témoigner de sa singularité précieuse et de la confiance qu'il m'a accordée en m'emmenant avec lui dans cette aventure passionnante.

Charlotte Wils

Bibliographie

Adda Arielle, *Le Livre de l'enfant doué : Le découvrir, le comprendre, l'accompagner sur la voie du plein épanouissement*, Solar, 2008.

Adda Arielle et Brunel Thierry, *Adulte sensible et doué, trouver sa place au travail et s'épanouir*, Odile Jacob, 2015.

Aron Elaine N., *Ces gens qui ont peur d'avoir peur : Mieux comprendre l'hypersensibilité*, Les Éditions de l'Homme, 2005.

Aron Elaine N., *Aimer quand on est hypersensible : Comprendre et mieux vivre vos relations quand le monde vous dépasse*, Leduc.s, 2019.

Aron Elaine N., *Mon enfant est hautement sensible !* Leduc.s, 2019.

Barthélemy Maurice, *J'ai passé ma vie à chercher l'ouvre-boîtes*, Séguier Archimbaud, 2001.

Kahneman Daniel, *Système 1, Système 2 : Les deux vitesses de la pensée*, Flammarion, 2012.

Orloff Judith, *Guide de survie des hypersensibles empathiques*, Leduc.s, 2018.

Petitcollin Christel, *Je pense trop, comment canaliser ce mental envahissant*, Guy Trédaniel, 2010.

Tolle Eckhart, *Le Pouvoir du moment présent – Guide d'éveil spirituel*, Namaste Publishing, 1997.

Tomasella Saverio, *Hypersensible : Trop sensibles pour être heureux ?*, Eyrolles, 2012.

Tomasella Saverio, *À fleur de peau : Le roman initiatique des hypersensibles*, Leduc.s, 2017.

Tomasella Saverio, *J'aide mon enfant hypersensible à s'épanouir*, Leduc.s, 2018.

Tomasella Saverio, *Attention cœurs fragiles ! Les hypersensibles et l'amour*, Eyrolles, 2018.

Tomasella Saverio, *Ultrasensibles au travail*, Eyrolles, 2019.

Tomasella Saverio et Vitaly Cédric, *L'hypersensibilité pour les nuls*, First, 2020.

Wils Charlotte, *Itinéraire d'une ultrasensible*, Leduc.s, 2019.

Table des matières

Ouvrage composé par
PCA 44400 Rezé

Imprimé en France par

MAURY IMPRIMEUR
à Malesherbes (Loiret)
en janvier 2022

Pocket - 92 avenue de France, 75013 PARIS

N° d'impression : 259569
Dépôt légal : janvier 2022
S32218/01